Egon Bahr · »Das musst du erzählen«

Egon Bahr

»Das musst du erzählen«

Erinnerungen an
Willy Brandt

Propyläen

Propyläen ist ein Verlag der Ullstein Buchverlage GmbH
www.propylaeen-verlag.de

2. Auflage 2013

ISBN 978-3-549-07422-0

© Ullstein Buchverlage GmbH, Berlin 2013
Alle Rechte vorbehalten
Gesetzt aus der Janson
Satz: LVD GmbH, Berlin
Druck und Bindearbeiten: GGP Media GmbH, Pößneck
Printed in Germany

Inhalt

Vorbemerkung 7
Auftakt 9

TEIL 1 – BERLIN
Vorlauf 11
Die Eintrittskarte 17
Vom Nebeneinander zum Miteinander 22
13. August 1961 32
Die zementierte Teilung 37
Neue Ziele 45
Ein nie gedrucktes Buch 48

TEIL 2 – BONN
Die Große Koalition – ungeliebt und unentbehrlich 51
Im Auswärtigen Amt 54
Im Planungsstab 61
Die Wirklichkeit 65
Der Sprung an die Spitze 71
Auftakt in Washington 75

TEIL 3 – TRIUMPH UND TRAGIK

In Moskau	79
Grenzen akzeptieren – Grenzen überwinden	89
»Dann mach mal«	99
Bereitschaft ohne Echo: Polen	102
Das Berlin-Abkommen: ein Kunstwerk	108
Ohne die Deutschen geht es nicht: das Transitabkommen	117
Alles oder nichts	123
Die Krise des Freundes	130
Wachsendes Vertrauen in West und Ost	133
Auf der Zielgeraden	139
Zäher Neustart	144
Wehner	149
Der Absturz	159
Schmidt und Brandt	167

TEIL 4 – GEWISSHEITEN

Ein neuer Beginn	177
Sicherheit für wen?	180
Partner Amerika	188
Eine Geliebte zum Verzweifeln: Europa	192
Erkenne dich selbst	197
»Je älter ich werde, umso linker werde ich.«	213
Was bleibt	225
Personenregister	233

Vorbemerkung

Willy Brandt hat in seinen »Erinnerungen« bewusst weiße Flächen gelassen: »Das musst du erzählen.« Sein Vertrauensbeweis galt für die Ost- und Entspannungspolitik. Ich bin dem in dem Buch »Zu meiner Zeit« nachgekommen. Nun nutze ich die Gelegenheit, Geschichte und Geschichten zu reflektieren und zu schildern, wie aus Zusammenarbeit eine Freundschaft geworden ist, die mich über seinen Tod hinaus begleitet.

Das Leben lässt im Laufe der Jahre Einzelheiten verschwinden, die hierher gehören würden. Das Gedächtnis hat andererseits Schlüsselerlebnisse und Formulierungen in Momentaufnahmen bewahrt, die unverlierbar geworden sind.

Nähe erlaubt Einblicke in Persönlichstes, das nur so weit berührt werden darf, um eine Freundschaft zu illustrieren. Das verlangt der Respekt vor Lebenden und Toten.

Auftakt

Wir wussten beide: Es ist das letzte Mal, dass wir uns sehen und sprechen. Die Leidenschaften dieser Welt hatte er hinter sich gelassen, Triumph und Verletzungen erreichten ihn schon nicht mehr. Seine letzten, sehr persönlichen Worte bewahre ich. Sie sind sein Geschenk, das Bewunderung auslöst, mit welcher Würde er dem Ende gegenübersteht. An der Tür drehe ich mich noch einmal um. Wir winken uns zu.

Danach fühle ich mich allein und leer.

Es mag eine Woche später gewesen sein, als ich einen handschriftlichen Brief von Lars Brandt erhalte. Er habe sich von seinem Vater, wie es sich gehöre, verabschiedet und zuletzt, schon an der Tür, noch gefragt: »Wer waren deine Freunde?« Willy habe geantwortet: »Egon.« Das ermutigt mich zwanzig Jahre danach zu dem Versuch, die Summe meiner Erinnerungen zu erzählen.

TEIL 1 – BERLIN

Vorlauf

Wann ich den Namen Willy Brandt zum ersten Mal gehört habe, weiß ich nicht mehr. Wann und wo ich ihn zum ersten Mal gesehen und gesprochen habe, gibt das Gedächtnis nicht mehr her. Aufregend kann die Begegnung nicht gewesen sein. In der unmittelbaren Nachkriegszeit konnte Brandt als Mitglied der norwegischen Militärmission für mich gar nicht auftauchen.

Im Sommer 1945 hatte mich in Berlin das Vertrauen beeindruckt, mit dem Jakob Kaiser, Vorsitzender der CDU in der sowjetisch besetzten Zone und Berlin, von Plänen erzählte, zusammen mit Karl Arnold in Nordrhein-Westfalen und Josef Müller, dem »Ochsensepp« in München, Adenauer zu entmachten. »Adenauer, dieser Separatist, darf nicht die ganze CDU in die Hand bekommen.« Nun saß er 1949 im ersten Kabinett Adenauers in Bonn, mahnte als Bundesminister für gesamtdeutsche Fragen, die Überwindung der deutschen Teilung nicht zu vergessen, und versuchte, mit dem Arbeitnehmerflügel seiner Partei eine bescheidene Hausmacht zu organisieren.

Als Korrespondent des RIAS (Rundfunk im amerikanischen Sektor) seit 1949 in Bonn, unterhielt ich wie andere

Journalisten Kontakte zu führenden Persönlichkeiten der Parteien im Bundestag. In einem Montagskreis, den ich mit Kollegen gegründet hatte, diskutierten wir sehr offen (die versprochene Diskretion hielt) mit den wichtigen Herren – Damen waren politisch noch kaum präsent – aus allen Parteien. Adenauer lud zum Kanzler-Tee ins Palais Schaumburg. In unserem Kreis bezeichneten wir Jakob Kaiser als »Kaiser ohne Reich«, bis 1955 Respekt den achtungsvollen Spott ablöste. Der Minister hatte gegen seinen Kanzler, der mit Paris das Europäische Saarstatut vereinbart hatte, ziemlich offen agitiert und den Wahlkampf gegen das Statut finanziert. Er »gewann«: Mit fast 68 Prozent stimmten die Saarländer für den Beitritt zur Bundesrepublik.

Bonn zeigte sich als gemütliches Städtchen. Fast entrüstet reagierte die Wirtin, bei der ich ein möbliertes Zimmer mietete, auf meine Frage, ob sie sich nicht freue, dass Bonn nun die provisorische Hauptstadt sei: »Natürlich nicht! Man kann ja nicht einmal mehr über die Straße gehen, ohne sich umsehen zu müssen, ob ein Auto kommt.«

Aus Berlin kannte ich den Chefredakteur des französisch lizensierten *Kurier*, Paul Bourdin. Er sympathisierte mit der Neigung des Kanzlers zu Frankreich und glänzte als Sprecher der Bundesregierung. Eines Morgens rief er mich an und berichtete schockiert, er habe Adenauer gestern Abend nach Rhöndorf begleitet. »Es gibt keine Zweifel: Der alte Herr will die Einheit gar nicht.« Ihm bleibe nur der Rücktritt, weil er täglich das Gegenteil verkünden müsse. Nach drei weiteren Wochen artistischer verbaler Verrenkungen trat er zurück. Das wurde ein Schlüsselerlebnis für meine Gegnerschaft zu Adenauer. Mir wurde zunehmend bewusst, dass er und Walter Ulbricht im Grunde kongenial waren. Jeder der beiden wollte seinen Landesteil sichern und sein Gewicht im jeweiligen Lager, ob Ost oder West, erhöhen. Und jeder erwies sich als die in seinem Teilstaat stärkste Persönlichkeit, die die politische Szenerie beherrschte. Das galt im Falle Adenauers auch gegenüber Schumacher.

Den SPD-Vorsitzenden Kurt Schumacher hatte ich bewundert, als er, noch bevor das Grundgesetz in Kraft trat, das deutsche Gewicht zum Tragen brachte und kühl die Finanzhoheit des Bundes gegen die Alliierten ertrotzte, die Adenauer schon aufgegeben hatte. Nicht auszudenken, wie später der Aufbau der Bundeswehr erfolgt wäre, wenn ihre Finanzierung von der Zustimmung der Länder abhängig gewesen wäre. Ein Staatenbund statt des Bundesstaates: Ohne die von Schumacher erzwungene Finanzhoheit wäre es eine andere Bundesrepublik geworden.

Schumacher hatte noch eine andere historische Entscheidung bewirkt. Das war bereits 1945 gewesen. In den Westzonen gab es eine vergleichbare Neigung wie im Osten, aus den Fehlern von Weimar zu lernen. Otto Grotewohl rief als Vorsitzender des Zentralausschusses der SPD zum Kampf für die organisatorische Einheit der deutschen Arbeiterklasse auf und hoffte, der erste Mann zu werden, der für Deutsche in Ost und West sprechen würde. Das war zu einem Zeitpunkt, als in den drei Westzonen noch nicht einmal die übergreifende Organisation der SPD genehmigt war. Hier waren zwei Männer mit

Führungsanspruch. Nicht zuletzt persönliche Rivalität dürfte dabei mitgespielt haben, dass Schumacher eine einheitliche Parteiorganisation im »Reich« verhinderte, von dem noch alle sprachen, nachdem die Potsdamer Konferenz Deutschland nicht geteilt hatte. Bundespräsident Theodor Heuss bezeichnete es als unverlierbares Verdienst Schumachers, den Einbruch totalitärer Ideologie aufgehalten zu haben. Schumacher fand sich in seinem Zweifel bestätigt, ob »die Leute in Berlin Handlungsfreiheit behalten würden«, nachdem Moskau KPD und SPD zur SED verschmelzen ließ. Ernst Lemmer, Stellvertreter Jakob Kaisers, urteilte, etwas später sei es der CDU ebenso mit ihren Antipoden Kaiser und Adenauer ergangen. Im Misstrauen gegenüber den Berlinern trafen sich beide – ein kleiner deutscher Beitrag zur deutschen Spaltung, für die Mächtigere verantwortlich waren.

Schumacher war ein selbstbewusster Deutscher. Der Stolz des befreiten Kämpfers gegen die Nazis, mit dem er gegenüber den Vier Mächten deutsche Interessen vertrat, ließ ihn eine an Schroffheit grenzende unbedingte Sprache finden, die einem Gleichen unter Gleichen, dem Vertreter eines souveränen Landes zukam, was wir ja nun wirklich nicht waren. Das klang in manchen ausländischen Ohren nationalistisch, jedenfalls unvergleichbar mit der Sprache Adenauers, die Schumacher verächtlich »anpasserisch« nannte. Ich begann diesen Mann zu verehren, der sich nicht mehr ohne Hilfe bewegen konnte und dennoch, als ahnte er, wie wenig Zeit ihm blieb, rücksichtslos gegen sich selbst leidenschaftlich für seine Ziele kämpfte.

Außerdem hatten mich drei Jahre in Bonn überzeugt,

dass die SPD die einzige Partei war, die ehrlich die Vereinigung unseres Landes zur Priorität ihrer Politik gemacht hatte. Also wollte ich Mitglied werden. Aber Schumacher riet ab: Ihm sei es lieber, wenn ich bei dem schon damals virulenten Quotendenken im Rundfunk nicht den Sozialdemokraten angerechnet werden könne.

Den zähen Wahlkampf Willy Brandts gegen Franz Neumann um den Parteivorsitz in Berlin hatte ich von Bonn aus verfolgt und ihn lose kennengelernt. Er galt als junger Mann des »großen Bürgermeisters« Ernst Reuter. Beide hatten das »Reich« aus der Emigration untergehen sehen. Beide waren amerikageneigter als die Führung der SPD in Bonn. Beide waren weltläufiger, als es Schumacher sein konnte. Nachdem ich Anfang 1953 RIAS-Chefredakteur geworden war, traf ich Reuter mehrfach. Wir erörterten die fühlbaren Spannungen zwischen ihm und der SPD-Führung in Bonn in Fragen der Außenpolitik. Ich gewann den Eindruck, dass er für meine Anregung, sich um den Vorsitz der Partei zu bemühen, offen war. Die Verabredung, unser Gespräch fortzusetzen, wurde gegenstandslos, als er plötzlich im Herbst 1953 starb.

Danach wurde Brandt für mich fast wie ein »Mister Berlin«, nicht durch den Inhalt seiner Bundestagsreden, aber durch den modernen Stil seiner Sprache, die nicht nach Parteichinesisch klang. Das war ein Mann, der den Blick auch nach Osten zu richten wusste, während die Bonner zunehmend westwärts dachten und handelten. Erneut wollte ich mich um eine Mitgliedschaft in seiner Partei bewerben. Um seine Meinung zu hören, verabredete ich mich mit ihm im Bundestagsrestaurant. »Nach allen Erfahrungen, die ich in Bonn gemacht habe, ist das die einzige Partei, die die Einheit wirklich will«, begründete ich meinen Wunsch. Er bremste meinen Eifer: »Sie überschätzen die Einflussmöglichkeiten durch Parteieintritt.« Zuweilen könne man durch Stellungnahmen von außen mehr erreichen als von innen. So war ich zum zweiten Mal abgewiesen worden.

Die Eintrittskarte

Nach Schumachers Tod 1952 wurde die Wahl seines Stellvertreters Erich Ollenhauer zu seinem Nachfolger als Übergang empfunden. Der ehrliche Demokrat, der aus der Emigration in London zurückgekehrt war, bedeutete keine Gefahr für Adenauer. Die Union plakatierte »Auf den Kanzler kommt es an«. Die Sozialdemokraten setzten dagegen: »Ollenhauer statt Adenauer«, was für Adenauer warb. Ein Ende seiner Ära schien Mitte der fünfziger Jahre nicht absehbar. In der Union mendelte sich kein Nachfolger heraus, und über Ludwig Erhard, den Vater des Wirtschaftswunders, leistete sich Adenauer das Urteil: »Nun nageln Sie mal einen Pudding an die Wand.«

Für die SPD nach Ollenhauer wurden vier Namen gehandelt: Carlo Schmid, der das Grundgesetz geprägt hatte, der Fraktionsvorsitzende Fritz Erler und dann in der Reihenfolge ihres Alters zwei Namen, die für die Bonner Journalisten noch nicht auffällig geworden waren: Brandt und Schmidt. Erler hatte Carlo Schmid, der im Bundestag auch ohne Manuskript scharf und druckreif debattieren konnte, als Mann bezeichnet, der eine große Zukunft hinter sich hatte. Für einen weiteren Namen, Herbert Wehner, bürgte das Wort des unantastbaren Antikommunisten Schumacher, dass er glaubwürdig vom Kommunisten mit Moskauer Hintergrund zum Sozialdemokraten geworden sei. Doch seine Vergangenheit schloss ihn unwiderruflich vom Parteivorsitz aus.

Nach einem törichten Kommentar Ollenhauers zu dem Aufstand in Ungarn 1956 prophezeite ich Brandt eine krachende Wahlniederlage seiner Partei im nächsten Jahr und bestand nun auf Parteieintritt, diesmal auf der Terrasse des Bundestagsrestaurants. »Wem nicht zu raten ist, dem ist auch nicht zu helfen«, lächelte er gleichsam verzeihend. So wurde ich 1956 Mitglied. Ein großes Risiko war das für Brandt nicht. Meine RIAS-Kommentare, soweit er sie kannte, passten zu seinen Ambitionen für eine selbstbewusstere Außenpolitik und bildeten meine stille Mitgift. Er nannte mir eine Adresse in Berlin, die ich als Bonner Korrespondent für mein Parteibuch brauchte. Später fand ich heraus, dass es sich um die Adresse von Heinrich Albertz handelte.

Meine Visitenkarte als frischgebackenes SPD-Mitglied gab ich in einer Rede vor der Kreisdelegiertenversammlung in Berlin-Zehlendorf im Januar 1957 ab. Ein »gelernter, kein geborener Sozialdemokrat« bekannte seine Schwierigkeit mit der Anrede »Genosse«, die nicht zum gedankenlosen Traditionalismus verkommen dürfe. Sie müsse so etwas wie die Zugehörigkeit zu einer politischen Familie beinhalten.

Nach einer innenpolitischen Standortbestimmung folgte dann: »Ich bin in die Partei gegangen, nicht um die Gesellschaft zu ändern, sondern um die Außenpolitik der Partei zu ändern.« Die SPD müsse »dazu beitragen, dass Deutsche aus der Verkrampfung im Verhältnis zur Nation herauskommen«. Bei allen Verbrechen, die im Namen der Nation gegen andere und gegen das eigene Volk begangen worden seien, dürfe das nicht zu einer Negierung der Nation führen. »Wenn ein gebranntes Kind auch das Feuer scheut, so wird es doch künftig nicht auf warme Nahrung verzichten können. Solange Deutschland geteilt ist, sind wir keine Nation. Auf die Nation zu verzichten, würde Aufgabe der Wiedervereinigung bedeuten. Es wäre der Selbstmord unseres Volkes und würde zum Verrat an der Demokratie; denn die Demokratie wird ausgespielt haben in unserem Volk, wenn sie gegenüber der Wiedervereinigung versagt.«

Dann stellte ich zum ersten Mal zusammenhängend außenpolitische Grundlinien vor. Die im Folgenden genannten Stichworte der Rede zeigen die erstaunliche Konsistenz und innere Geschlossenheit einer langfristig angelegten Entspannungspolitik: »Keine Schaukelpolitik zwischen Ost und West … Ohne Rückhalt mit unseren westlichen Nachbarn lässt sich überhaupt keine deutsche Außenpolitik machen … Der Kommunismus als Ideologie hat sich überlebt … Die Staatsinteressen Russlands haben, als es hart auf hart ging, die ideologischen Interessen Russlands stets übertroffen … Unsere Sicherheit liegt in der amerikanischen Garantie … Die NATO muss gelten, bis ein besserer Mechanismus der gleichen Sicherheit sie ersetzt … Als Preis für die Einheit muss man die Ausrüstung der Alliierten mit Atomwaffen bejahen und erst Gesamtdeutschland verpflichten, für immer auf Atomwaffen zu verzichten … Jede Form eines Sicherheitsabkommens unter Einschluss osteuropäischer Staaten kommt in Frage, die die amerikanische Anwesenheit auf dem Kontinent einschließt … Die begonnene Phase deutscher Nachkriegspolitik heißt jedenfalls Ostpolitik.«

Brandt hat mit mir nie über meine Rede diskutiert. Er kannte den Text, den ich wegen der Brisanz eigentlich nur dem Veranstalter überlassen hatte. Er wusste also, was ich gesagt hatte und dachte. In der praktischen Arbeit der folgenden Jahrzehnte gab es keinen Richtungsstreit zwischen uns. Auf die Frage, wie wir mit unterschiedlichen Positionen und alternativen Entscheidungsmöglichkeiten verfahren sind und ob wir gelegentlich uneins waren, kann ich nur sagen: Das gab es nicht. Über taktische Zweckmäßigkeiten, nützliche oder überflüssige Argumente für eine Rede oder ein Dokument wurde gesprochen. Meist folgte ich seiner ungleich größeren Erfahrung, aber auch er war anderen Argumenten zugänglich. Es dauerte lange, ehe mir unsere parallele Einstellung voll bewusst wurde. Im Laufe der Jahre schliff sich das so ein, dass ich ihn in Gegenwart anderer verstand, wenn er nur den Kopf bewegte oder eine Braue hob. Die politische Richtung stimmte. Da gab es keine Überraschungen.

Die Wahl Willy Brandts zum Regierenden Bürgermeister im Oktober 1957, ein halbes Jahr nach meiner Rede, nahm ich in Bonn nur am Rande wahr. Doch seine zunehmende außenpolitische Bedeutung imponierte mir. Ich fand es großartig, was er für Berlin erreichte. Mit echter Bewunderung blickte ich zu ihm auf, dachte aber keine Sekunde daran, dass ich jemals für ihn arbeiten würde. Auch in der Bundesregierung erwog niemand ernsthaft, dass da einer kam, mit dem zu rechnen war. Nicht einmal Adenauer.

1959 beschloss die Bundesregierung, einige Journalisten an unsere Botschaften in den Entwicklungsländern zu entsenden. Nach dem Ultimatum Chruschtschows von 1958, mit dem er die Umwandlung West-Berlins in eine »Freie Stadt« und den Abzug der Truppen der Westalliierten forderte, sollten sie gegen die Anerkennung der DDR durch diese Staaten arbeiten. Ich wurde Regionalbeauftragter für Westafrika in Ghana. Nach meiner Rückkehr bot mir Außenminister Heinrich von Brentano (CDU) meine weitere Verwendung und die Übernahme ins Auswärtige Amt an. Fast gleichzeitig machte Henri Nannen das berauschende Angebot (13. Monatsgehalt zu Weihnachten, 14. Monatsgehalt zum Urlaub, Dienstwagen und Haus), als sein Stellvertreter den *Stern* zu einer politischen Zeitschrift zu machen. Noch während ich überlegte, rief der Berliner Bundessenator Günter Klein an: Der Regierende Bürgermeister wolle mich sprechen.

Ich traf Brandt in der Lobby des Bundestages um zehn Uhr früh – für ihn, wie ich später erfuhr, fast mitten in der Nacht. Er fragte nur knapp im Stehen, ob ich bereit sei, Pressechef bei ihm zu werden. Ich zögerte keine Sekunde mit dem »Ja«. Alles Weitere solle ich mit dem CdS besprechen. »Wer oder was ist der CdS?« »Chef der Senatskanzlei. Wenn Sie sich mit dem einigen, ist alles in Ordnung.« Ich fragte nach dem Amtsinhaber: »Er geht in Pension.« »Wann soll ich denn in Berlin anfangen?« »Möglichst bald.« Das Gespräch dauerte keine drei Minuten. So schnell kann eine lebensbestimmende Entscheidung fallen. Der CdS hieß Heinrich Albertz. Mit ihm vereinbarte ich die Einzelheiten und den Beginn meiner Tätigkeit als Leiter des Presse- und Informationsamtes des Senats von Berlin zum 1. Februar 1960.

Vom Nebeneinander zum Miteinander

Ein oder zwei Tage nach Dienstantritt fand unser erstes persönliches Gespräch statt. Am späten Abend saß ich Brandt allein an seinem imposanten Schreibtisch gegenüber. »Eigentlich kennen wir uns noch gar nicht«, war mein erster Satz. Schon bei dieser harmlosen Feststellung wurde sein Gesicht starr. Das musste eine Mimose sein, meine Bemerkung als plumpen Annäherungsversuch zu verstehen. Sein Mienenspiel empfand ich als warnende Zurechtweisung. Es lockerte sich, als ich fortsetzte: »Ich werde Ihnen immer sagen, was ich denke. Auch wenn es Ihnen nicht gefällt.« Er unterbrach: »Wenn es zu schlimm ist, dann aber bitte nur unter vier Augen.« Meine Antwort: »Ihre Entscheidungen gelten, es sei denn, es geht um eine Gewissensfrage.« Sie hat sich nie gestellt.

Näher konnte man ihm nur kommen, wenn man ihm nicht zu nahe kommen wollte. Der Respekt vor der Grenze, mit der er sein Innerstes schützte, wurde mir im Laufe der Zeit zur Selbstverständlichkeit und für ihn zu der Sicherheit, jeweils selbst zu bestimmen, wie weit er sich aufschließen wollte. Ich fragte ihn nie nach Persönlichem, obwohl manches mich durchaus interessierte, wenn er nicht selbst davon anfing. Auch Gerüchte, die in der Presse berichtet wurden, blieben tabu. Das Geheimnis unseres wachsenden Vertrauens war, dass keiner jemals versuchte, Vertrauter des anderen innersten »Ich« zu werden.

Die Autorität eines Mannes, der eine Wahl in Berlin glanzvoll gewonnen und eine erfolgreiche Weltreise hinter sich hatte, konnte verunsichern. Er war vom japanischen Kaiser Hirohito und vom indischen Premierminister Nehru, vom UN-Generalsekretär Hammarskjöld und von Präsident Eisenhower empfangen worden; in New York hatte man ihn mit einer Konfettiparade geehrt. Hinzu kam die Sorge des Journalisten, der plötzlich nicht mehr sagen durfte, was er wollte, sondern verantworten musste, was er für den Senat von Berlin von sich gab. Ob ich mich seiner Diktion anpassen und meinen Stil verlieren würde, war ein Gedanke, der erst im Laufe der Zusammenarbeit langsam gegenstandslos wurde.

Den Inhalt eines Entwurfs gab der Chef vor. Bei der Diskussion des Wortlauts lernte ich, dass der »Regierende« auch ein guter Redakteur geworden wäre, wenn er meine komplizierten Sätze gnadenlos teilte. Eine Plattitüde in einem Redeentwurf, für die ich mich fast schämte, ergänzte er einfach: »Das wird auch so bleiben.« Ausgerechnet dafür gab es den größten Applaus. Bei Manuskripten, die zum Teil mehrfach zwischen unseren Schreibtischen hin- und hergingen, bewies er eine gewinnende Feinfühligkeit, wenn er mit seinem grünen Stift nicht änderte, sondern ein Wort anstrich oder ein Fragezeichen anbrachte. Dann ergab erst ein Gespräch die Endfassung. Aus ungezählten solcher Gespräche erwuchs eine Vertrautheit mit der »Denke« des anderen, mit seinen Motiven, Hoffnungen, Befürchtungen, Absichten, kurz- oder langfristigen Zielen. Brandt gewann die Sicherheit, dass ich nur mit ihm und für ihn arbeitete. Niemand hat diese

Partnerschaft besser erfasst als Richard von Weizsäcker, der später einmal sagte: »Willy Brandt und Egon Bahr, das war ein ziemlich einmaliges Zusammenwirken zweier völlig verschiedener Persönlichkeiten. Jeder kam erst mit Hilfe des anderen zur wirksamen Entfaltung seiner eigenen Gaben.«

Brandt spielte mit dem Gedanken, Anwärter auf das wichtigste Amt im Staat zu werden. Darum bewerben wollte er sich keinesfalls. Albertz und ich waren skeptisch, hielten es für zu früh und die Erfolgsaussichten gegen das Denkmal Adenauer für gering. Als er gefragt wurde – womit er gerechnet hatte –, stimmte er fast erleichtert zu. Für seine »Mafia« in Berlin gab es nur noch die Überlegung, wie das am besten zu bewerkstelligen sei.

Der Parteitag 1960 in Hannover brachte politische und persönliche Premieren. Zum ersten Mal wählte eine Partei einen »Kanzlerkandidaten«, während der gewählte Vorsitzende, Erich Ollenhauer, im Amt blieb. Klaus Schütz hatte die Idee zollfrei aus den USA mitgebracht, wo er den Wahlkampf des Präsidentschaftskandidaten Kennedy beobachtet hatte.

In seiner Bewerbungsrede stellte Brandt die Partei in die nationale Tradition und nannte, damals mutig, nebeneinander die Namen Otto von Bismarck und August Bebel, Friedrich Ebert und Gustav Stresemann, Julius Leber und Claus Graf von Stauffenberg, Ernst Reuter und Theodor Heuss. Drei Jahre später, auf der berühmten Tagung in Tutzing, sollte es bemerkenswerte Änderungen der Idee geben, durch Namen die Einheit unseres schwierigen Vaterlandes zu begreifen. Das hörte sich dann so an:

»Bismarck und Bebel gehören dazu, Hindenburg und Ebert, Goerdeler und Leber, Adenauer und Schumacher, aber eben auch Hitler und Ulbricht.«

Brandt erklärte in Hannover, dass er sich nicht zum bloßen Vollstrecker von Parteitagsbeschlüssen machen lassen und alle Verpflichtungen erfüllen würde, die sich für Deutschland aus der NATO-Mitgliedschaft ergäben. Vorher hatte Ollenhauer die Atombewaffnung der Bundeswehr abgelehnt. Der Kandidat schloss das gerade nicht aus. Während der gemeinsamen Vorbereitung seiner Rede hatte Brandt mir zugezwinkert: »Das haben Sie doch schon früher für möglich gehalten.« Diesen Punkt aus meiner vier Jahre zuvor in Zehlendorf gehaltenen Rede hatte er nicht vergessen. Als wir am Abend des Parteitags den Saal verließen, legte er mir eine Hand auf die Schulter: »Ich glaube, wir können Du zueinander sagen.« Das tat gut. Offiziell haben wir das »Sie« beibehalten, sogar später im Palais Schaumburg. Die Achtung vor dem Amt verbot die Vertraulichkeit des »Du« und brachte Brandt zu der Haltung, keine Partei dürfe den Eindruck erwecken, als gehöre ihr der Staat.

Bei der Kampagne, die Klaus Schütz für den frischgekürten Kandidaten organisierte, zeigte Brandt Kraft, Vitalität und strahlendes Durchhaltevermögen. Ihre Strapazen bescherten dem Kandidaten ein gutes Gewissen; sie entschuldigten die Abwesenheit von Schreibtisch und lästigem Papierkram. An den Inhalten seiner Botschaft für die Wähler feilte er, während er sprach. »Die Mentalhygiene verbietet mir, immer die gleiche Rede zu halten«, erklärte er. Das beobachtete ich auch in den folgenden

Jahrzehnten. Er baute die Abfolge seiner Argumente um, wurde kürzer und besser und war sicher, dass seine jeweils letzte Rede die beste des Wahlkampfs gewesen sei. Einer seiner Slogans, damals hochaktuell: »Der Himmel über dem Ruhrgebiet muss wieder blau werden!« Das Wort »Umwelt« war politisch noch nicht in Mode.

*

Jeder Mensch ist eitel. In der Welt der Kunst und der Politik, wo öffentliche Wirkung verlangt und gemessen wird, findet sich diese Eigenschaft viel ausgeprägter als in der Wirtschaft, wo sympathische Einzelne sie sogar verbergen wollen. Ich gestehe also meine Eitelkeit: Ich genoss den unmittelbaren Zugang zum Chef. Mir schmeichelte, dass Brandt, Heinrich Albertz, der Bundessenator Klaus Schütz und ich schon bald als die »Heilige Familie« tituliert wurden. Außerdem registrierte ich, dass Senatoren, bei denen der Journalist nur schwer einen Termin bekommen hatte, anriefen oder dass Chefredakteure nach meiner Einschätzung fragten, die sie vertraulich zu behandeln versprachen. Es war höchst angenehm, wenn »mein« Fahrer, der bald zu einem Teil der Familie wurde, mich abends zum Frisör fuhr, weil der Dienst das während der Öffnungszeiten gar nicht mehr zuließ. Ich konnte länger arbeiten, wenn meine Frau abgeholt wurde. Es ist praktisch, keinen Parkplatz suchen zu müssen und nach einer Veranstaltung sofort abfahren zu können. Der Öffentliche Dienst bezahlt nicht gut, aber für seine höheren Dienstgrade bietet er einen hervorragenden Service.

Das alles wurde bald zu einer Selbstverständlichkeit, die ich fast 35 Jahre lang genoss. Ich gestehe im Rückblick fast kindlich eitle Machtgefühle, über Geld verfügen zu können. Es waren vom Abgeordnetenhaus mir anvertraute Mittel. Ich konnte Anträge genehmigen oder ablehnen und wichtige Projekte auf den Weg bringen. Die Macht des Geldes kann gestalten. Wie ungleich größer politische Macht ist, die das Zusammenleben von Völkern verändern kann, lernte ich erst später.

Macht und Eitelkeit sind Zwillinge. Es schmeichelte Brandt, dass ein Polizist in New York vor dem »Mayor« salutierte, obwohl er murmelte: »Nicht mal hier kann man anonym bleiben.« In Berlin stellte ich jedoch beschämt fest, dass dem »Regierenden« seine Stellung so selbstverständlich geworden war, dass er keine Anzeichen von Eitelkeit mehr zeigte. Dieses Stadium lag schon hinter ihm.

Zu Geld hatte Brandt privat ein eigentümlich distanziertes wie souveränes Verhältnis. Ich habe nie ein Portemonnaie in seiner Hand gesehen. In einem Stammlokal verfügte er, die Rechnung solle ins Rathaus geschickt werden. Vor einer Reise nach Amerika fragte er, ob ich ihm nicht einen Redeauftritt gegen Honorar besorgen könnte. Er könne dann Rut mitnehmen. Der Hinweis, die britische Regierung bezahle sogar für ihre höheren Beamten die Mitreise ihrer Frauen, überzeugte ihn nicht. Sein Wunsch konnte durch unsere Public-Relations-Firma erfüllt werden, die mit kleinem Budget und großem Anspruch Berlin in Amerika vertrat.

Deren Chef Roy Blumenthal hatte vorher für die Bundesregierung gearbeitet und die Zusammenkunft Adenauers mit David Ben-Gurion im Waldorf-Astoria in New York organisiert. Brandt und ich hatten uns vorher gegenseitig überzeugt, dass die Ausgabe von 500 000 Dollar für diese Agentur zu verantworten wäre. Wir haben es nicht bereut. Roy war als Liberaler zu der Auffassung gekommen, die Zukunft der Bundesrepublik werde zwischen ihren beiden Großtalenten Brandt und Strauß entschieden. Es läge im Interesse Amerikas, den Berliner Bürgermeister zu unterstützen. Also arrangierte er eine Einladung der Harvard-Universität für zwei Vorlesungen im Herbst 1962 und einen anschließenden Besuch im Weißen Haus. Dort trug Brandt seine schon in Harvard vorgestellten Überlegungen zur »Koexistenz als Zwang zum Wagnis« vor, die darauf zielten, den Begriff des Friedens nicht dem Osten zu überlassen. Kennedy, der die Lectures inzwischen kannte, ermutigte ihn. Washington habe es satt, dass Bonn ständig blockiere, ohne eigene Vorschläge zu machen.

Als »Regierender« musste sich der bescheidene Brandt sehr wohl mit Finanzen beschäftigen. Nach dem Bau der Mauer musste er noch genauer rechnen. Nachdem die großen Firmen ihre Zentralen aus Angst in den Süden und Westen der Bundesrepublik verlagert hatten, reichten die Steuereinnahmen Berlins gerade, um die Beamten und Angestellten zu bezahlen. Alles, was darüber hinausging und das Leben einer Stadt erst ausmacht, vom Bauen bis zu den kulturellen Einrichtungen, musste aus Bonn kommen. Und Bonn bezahlte, mit Notopfern und Steuervergünstigungen.

Wir sahen es gerne, dass Axel Springer die Vergünstigungen nutzte und für seinen Zeitungskonzern ein imposantes Hochhaus an der Mauer errichtete. Der Zuzug junger Menschen, die der Dienstpflicht zur Bundeswehr entgehen wollten, reichte nicht, um die Abwanderung nach Westen auszugleichen. Der Senat musste die Statistik etwas manipulieren (was die Statistik ja gewohnt ist), damit die Einwohnerzahl nicht unter die magische Zwei-Millionen-Grenze rutschte. Der aufgeblähte Öffentliche Dienst wurde dadurch nicht entlastet. Wir hatten sehr genau zu rechnen, und die schnippische Bemerkung Helmut Schmidts, die Berliner verstünden nicht den Unterschied zwischen einer Million und einer Milliarde, verletzte nicht nur, weil sie falsch war.

Der Senat bekam aus Bonn Geld, um Berlin für Besucher aus aller Welt kulturell anziehend zu machen. Shepard Stone, ehemaliger Diplomat, sammelte über die Ford Foundation Spenden für die Freie Universität, die Deutsche Oper und andere kulturelle und wissenschaftliche Einrichtungen der Stadt. Der Komponist Nicolas Nabokov holte als Leiter der Festspiele attraktive Künstler an die Spree. Internationale Stars wurden enthusiastisch empfangen.

Bei einem Essen im Rahmen der Filmfestspiele war ich Tischherr der amerikanischen Schauspielerin Jane Russell, die mir interessante Einblicke bot. Sehr viel eindrucksvoller war mein Schwarm Marlene Dietrich, die 1960 zum ersten Mal nach dem Krieg ihre Geburtsstadt wiedersah. Es war Brandts Wunsch, dass sie sich im Goldenen Buch der Stadt verewigte. Er empfand große Nähe zu einem Menschen, der wie er den Weg des Widerstands gegangen war. Ich hatte das Glück, mit Marlene eine Viertelstunde allein plaudern zu dürfen, weil Brandt aufgehalten wurde. Ihre Ausstrahlung auf mich wurde nicht geringer, als ich sah, dass die Hände nicht geliftet waren. »Sag mir, wo die Blumen sind« wird mein Evergreen bleiben. Die Ovationen nach ihrem Konzert im Titania-Palast, wo sie dieses Lied auf Deutsch sang, werden ihr gutgetan haben. Dem »verehrten Willy Brandt« dankte sie handschriftlich: »Ihre Marlene Dietrich«.

*

Am 10. Mai 1961 wurde ich vom Mitarbeiter zum Berater Brandts. Das Kommuniqué der Frühjahrssitzung der NATO in Oslo enthielt Formulierungen, die bisher unbeweisbare persönliche Befürchtungen zu einer amtlichen westlichen Position machten. Da wurde der Vier-Mächte-Status der Stadt gar nicht mehr erwähnt, sondern – neben dem freien Zugang – »die Lebensfähigkeit der drei Westsektoren« garantiert. Aufgeregt lief ich zu Brandt, legte ihm den Wortlaut vor und erklärte: »Das ist im Grunde eine Einladung an die Sowjets, dass sie mit ihrem Sektor machen können, was sie wollen.« Das Kommuniqué erinnerte an ein Memorandum für die drei Westmächte und Bonn, das der österreichische Bundeskanzler Bruno Kreisky 1960 vom sowjetischen Außenminister Andrei Gromyko erhalten und mich in Wien hatte lesen lassen. Im Kern hatte es das Interesse der Sowjetunion formuliert, die Stabilität »in diesem Raum« herbeizuführen und nötigenfalls einen Friedensvertrag mit der DDR zu schließen. Brandt beschloss, Außenminister von Brentano eine Vier-Mächte-Konferenz vorzuschlagen. Solange verhandelt würde, so die Überlegung, wären einseitige Maßnahmen der östlichen Seite nicht zu erwarten. Brentano lehnte leider ab. Wir waren uns einig, dass jedes Abkommen allein für den Westteil der Stadt die De-facto-Anerkennung der DDR nur noch zu einer Frage der Zeit machen würde.

Im Schöneberger Rathaus hatten wir im Juni 1961 20 000 und im Juli 30 000 Flüchtlinge registriert. Am Vorabend des Mauerbaus formulierte Willy Brandt in Nürnberg zum Auftakt des Bundestagswahlkampfes unsere Lagebeurteilung: »Heute Abend, am 12. August, wird der 17 000ste Flüchtling dieses Monats in Berlin ankommen. Zum ersten Mal werden wir 2500 Flüchtlinge im Laufe von 24 Stunden aufzunehmen haben. Warum kommen diese Menschen? Welche Angst hat diesen Strom ansteigen lassen? Die Antwort auf diese Frage heißt: weil die Sowjetunion einen Anschlag gegen unser Volk vorbereitet, über dessen Ernst sich die Wenigsten klar sind. Weil die Menschen in der Zone Angst haben, dass die Maschen des Eisernen Vorhangs zementiert werden. Weil sie fürchten, in einem gigantischen Gefängnis eingeschlossen zu werden. Weil sie die brennende Sorge haben, sie könnten vergessen werden, abgeschrieben, geopfert werden auf dem Altar der Gleichgültigkeit und verpasster Chancen.« Die Rede musste genau balanciert werden. Sie durfte weder verharmlosen noch zur Flucht aufrufen.

13. August 1961

Als die Krise dann eintrat, lief Brandt zu großer Form auf. In der Nacht nach seinem Nürnberger Auftritt begann die erwartete, aber zugleich unvorstellbare »einseitige Maßnahme«. Brandt erreichte die Nachricht im Nachtzug von Nürnberg nach Kiel. Er stieg aus, flog von Hannover nach Berlin und fuhr sofort zum Brandenburger Tor. Dort erlebte er die hilflose Empörung und Wut der Berliner. Dann fuhr er zum ersten (und letzten) Mal in seinem Leben zum Gebäude der Alliierten Kommandantura und fand dort Beamte ohne Weisung. Ihre Chefs in den drei Hauptstädten waren ins Wochenende gefahren. Das Bild des letzten sowjetischen Kommandanten hing noch an der Wand. Als sei er weisungsberechtigt, forderte Brandt die drei Stadtkommandanten, die völkerrechtlich die Herren der Stadt waren, ziemlich laut auf, wenigstens Jeeps auf die Straßen zu schicken, damit die Berliner nicht glaubten, sie seien schon allein. Im Rathaus schimpfte er unflätig über die »Scheißkerle«, die sich dann schließlich doch noch ermannten, wenigstens die Jeeps zu schicken.

Entgegen jedem Protokoll schrieb Brandt einen selbstbewussten, aufrüttelnden Brief direkt an Präsident Kennedy mit der praktischen Anregung, die amerikanische Garnison zu verstärken, was innerhalb von drei Tagen geschah. Ohne die Antwort Kennedys zu kennen, rief er zu einer Kundgebung vor dem Schöneberger Rathaus auf, um zu der erbitterten und empörten Bevölkerung zu sprechen, ohnmächtig, mehr zu tun, und ohne zu wissen, was er sagen sollte. Gemeinsam überlegten wir, während das beunruhigende Geräusch der auf den Platz strömenden Menschen stärker wurde, was man in dieser hochexplosiven Lage sagen konnte und musste. Endlich hatte ich eine Idee zum Einstieg und ließ Brandt Seite für Seite bringen. Die letzten Seiten legte ich ihm auf den Schreibtisch. Er nahm sie einfach, ohne sie noch redigieren zu können. Ich blieb in seinem Büro, zitternd über meine Verantwortung und fast verstört von seinem Vertrauen. Ich brauchte einen Cognac und wurde erst ruhiger, als ich den ersten Beifall hörte. Ein solches Erlebnis verbindet. Brandt kam zurück. Er sagte nichts. Nicht nur er war erleichtert. Ich lernte eine aufregende Stärke von ihm kennen, seinen Mut. Je mehr er sich an die Wand gedrängt fühlte, umso unbeirrbarer wurde sein Mut.

Ich erlebte diesen Mut wieder, als er in der Wahlnacht 1969 entschied, Walter Scheel anzurufen und die sozialliberale Koalition zu verabreden. Oder in der Besprechung meines Entwurfes für den außenpolitischen Teil seiner ersten Regierungserklärung. »In großen Fragen muss man sein Herz am Anfang über die Hürde werfen«, sagte er und wurde, gegen meine Bedenken, von Scheel darin unterstützt, das bisherige Tabu sofort zu brechen und die DDR einen Staat zu nennen, der für uns kein Ausland sein könne. Diese Formel, erfuhren wir später, hat Moskau zu ernsthaften Verhandlungen bewogen. Oder im Entschluss, nach dem Verlust der parlamentarischen Mehrheit 1972 Neuwahlen anzustreben und gegen den Rat von nicht wenigen Parteifreunden weder Tempo noch Intensität unserer Politik gegenüber der DDR zu vermindern. »Wenn man überzeugt ist, das Richtige und Notwendige zu tun, ist es besser, mit wehenden Fahnen unterzugehen, als einzuknicken«, hatte er erklärt.

Eine andere Seite seiner Persönlichkeit war seine Verletzlichkeit. Es traf ihn tief, dass Adenauer 1961 den Wahlkampf fortsetzte, als sei nichts geschehen, während die Mauer täglich wuchs. Die infamen drei Wörter »Brandt alias Frahm«, von Adenauer am 14. August auf einer Wahlkampfveranstaltung in Regensburg ausgerufen, spielten auf Brandts uneheliche Geburt an und auf die verbreitete Reserve gegenüber Emigranten – in einer Form, die an den Decknamen eines Kriminellen erinnerte. Diese drei Wörter verwundeten einen Mann, der während des Krieges für das andere, bessere Deutschland geworben hatte und aus eigenem Antrieb zurückgekommen war.

In der Zeit vor dem Mauerbau war Brandts Vergangenheit kein großes Thema gewesen. Ich wusste, dass er in Lübeck eine schwierige Kindheit gehabt hatte. Seine Exilzeit kannte ich nur in groben Umrissen: die nicht ungefährliche Flucht über die Ostsee nach Dänemark, seine Jahre in Norwegen und das Ausweichen nach Schweden während des Krieges, die Begegnung mit seiner wunderbaren Frau Rut. Er war in norwegischer Uniform nach Deutschland zurückgekehrt, aber das war für Exilanten nicht ungewöhnlich und auch kein Makel. Er hatte sich bisher stolz dazu bekannt, ein erklärter Gegner der Nationalsozialisten gewesen zu sein. Nur privat hatte Brandt den Kopf geschüttelt, dass die junge Bundesrepublik nicht die Emigranten zurückgerufen hatte, was er unverständlich und, schlimmer noch, als Fehler empfand, den Ostberlin nicht gemacht hatte. Nachdem die Nazis ihn schändlich der Staatsbürgerschaft beraubt, der Zugehörigkeit zu seinem Land enteignet hatten, musste er seine Einbürgerung beantragen. Die bürokratisch notwendige Prozedur stand in einem verstörenden Gegensatz zu der natürlichen Erwartung, willkommen zu sein. Was würde er tun müssen, um angenommen zu werden und sich aufgenommen zu fühlen?

Was wir nicht wussten: Während Brandt in Berlin darum kämpfte, unkontrollierte Zusammenstöße und Blutvergießen zu verhindern, hatte Adenauer den sowjetischen Botschafter einbestellt und ihm versichert, Bonn denke nicht daran, die Lage zu verschärfen. In undiplomatischer Sprache hieß das, Moskau solle den krakeelenden Bürgermeister in Berlin nicht ernst nehmen.

Ein zorniger Brandt konnte Furcht lehren: Jeden Rat, die Schändlichkeiten abtropfen zu lassen, wies er brüsk ab. Doch einen wirksamen Gegenangriff gab es nicht, und eine bloße Verteidigung wäre würdelos gewesen. Franz Josef Strauß hatte, ebenfalls im Wahlkampf, tückisch und scheinheilig erklärt, er wisse, was er im Krieg gemacht habe (wusste er das wirklich?); man würde doch wohl noch fragen dürfen, was Brandt gemacht habe. Tage wurden verdorben und viele Stunden gingen verloren durch Diskussionen, wie juristisch gegen derartige Verdächtigungen und Verleumdungen vorzugehen sei. Über hundert gewonnene Prozesse nutzten wenig. Die Heckenschützen blieben tätig und bestätigten die Wahrheit des lateinischen Spruches: Semper aliquid haeret. Aber es deprimiert, wenn immer etwas hängen bleibt. Nach dem erfolgreichen, aber gemessen an den Erwartungen verlorenen Wahlkampf 1965 überlegte Brandt ernstlich mit seiner Frau Rut, wieder nach Norwegen zu gehen.

Wer die Persönlichkeit Willy Brandts verstehen will, darf die bleibende Wunde nicht übersehen, selbst wenn sie verheilt schien, die ihm das Wort Adenauers und die folgenden jahrzehntelangen Kampagnen gegen seine Vergangenheit zugefügt hatten. Er war kein robuster Typ, der die Tiefschläge des politischen Alltags und die offenen oder versteckten Hasskampagnen ungerührt wegsteckte. Auch die Schmähungen gegen seine Toleranz bei der Erziehung der Söhne trafen ihn. Er verbarg seine Schwächen nicht. Gerade das machte ihn menschlich. Und gerade das ließ ihn für viele Menschen anziehend und populär werden. Seine Verletzlichkeit wurde seine Stärke.

Die Narben taten nicht mehr weh, als wir uns das letzte Mal sahen. Dieser Kampf war zu Ende. Dem toten Bundeskanzler, einem im besten Sinne zivilen Menschen, wurde durch einen Staatsakt mit militärischen Ehren im Berliner Reichstag die höchste Ehrung zuteil, die das Land zu vergeben hat – Symbol für seine Annahme im eigenen Land, für etwas, das er sich lange vergeblich gewünscht hatte: die Heimkehr.

Die zementierte Teilung

Im August 1945 hatte ich gerade die amerikanischen Grundregeln für eine Nachrichtenmeldung gelernt: Wann, wer, wie, wo und was müssten möglichst im ersten Satz beantwortet werden. Zur selben Zeit hatte ich gelesen, dass die Sieger in Potsdam geheim zusammengekommen waren und ein Abkommen über Deutschland geschlossen hatten. Dass weder unsere amerikanischen Redakteurskollegen noch die besiegten Deutschen darüber informiert worden waren, verwunderte nicht. Ich spürte eine große Erleichterung: Deutschland blieb ungeteilt. Wir durften sogar die Industrie wieder aufbauen, natürlich keine Waffen produzieren, was ohnehin niemand wollte, und verloren – schmerzlich, aber verständlich – Gebiete jenseits der Oder. Die Verwaltung erfolgte in vier Zonen und Berlin, dem einzigen Gebiet unter der gemeinsamen Verantwortung der Vier Mächte. Sie wussten noch nicht, welches Gewicht sie sich damit an den Hals hängten.

Niemand konnte ahnen, dass die im Krieg gegen das Reich Verbündeten in den folgenden vier Jahren zu Gegnern eines Kalten Krieges werden und zwei deutsche Staaten gründen lassen würden. Niemand konnte voraussehen, dass in derselben kurzen Zeitspanne die Hauptstadt geteilt und zum Objekt gegenseitiger Bedrohung und Erpressung werden würde, mit dem gefährlichen Höhepunkt der Konfrontation gefechtsbereiter amerikanischer und sowjetischer Panzer in der Berliner Friedrichstraße Ende Oktober 1961. Der Vier-Mächte-Status, begonnen als Instrument gemeinsamer Kontrolle über Deutschland, hatte aus den Markierungen der Sektoren eine Grenze zwischen zwei Systemen gemacht. Politisch und militärisch standen sich dort NATO und Warschauer Pakt gegenüber. Ihre Gesetze begannen zu wirken und machten die Sieger zu Gefangenen ihrer Interessen. Berlin war zu einer Last für beide Seiten geworden. Keine konnte sich erlauben, sie abzuwerfen, aber beide konnten versuchen, sie zu neutralisieren. Mit ihrem Prestige beladen, konnten beide Seiten lediglich versuchen, Berlin zu einem Ort verlässlicher, gemeinsam garantierter Stabilität zu entwickeln.

Der Mauerbau wurde zum Höhepunkt des Kalten Krieges und zum Anfang seines Endes. Letzteres war damals nicht absehbar. Wie sollte man verstehen, dass am 14. August 1961 alle Straßen von West- nach Ostberlin mit Stacheldrahthindernissen gesperrt wurden und gleichzeitig die Anordnung des Innenministers der DDR erging, die Angehörigen der drei Westmächte dürften nur drei Übergänge benutzen, was bald auf den Checkpoint Charlie in der Friedrichstraße reduziert wurde? Vor allem: Die drei Westmächte befolgten die Weisung eines Ministers, der ihnen gar nichts zu sagen hatte, und eines Staates, den es angeblich gar nicht gab.

Erinnerungen an die NATO-Sitzung in Oslo und das sowjetische Memorandum, das Bruno Kreisky mich hatte lesen lassen, tauchten auf und weckten den Argwohn, ob das Ganze im stillen west-östlichen Einverständnis vorbereitet worden sei. Nachdem Chruschtschow und Kennedy ohne Ergebnis in Wien aneinander Maß genommen hatten, war John McCloy, früherer US-Hochkommissar in der Bundesrepublik, auf die Krim geflogen und hatte mit Chruschtschow Tennis gespielt. Ob sie auch miteinander gesprochen hatten, um zu sondieren, wie der Streitpunkt Berlin friedlich zu regeln sei? Verbindliche Vereinbarungen konnten die beiden nicht abschließen. Aber der Osten wartete nach dem 13. August drei Tage lang auf Reaktionen des Westens, bevor er den Stacheldraht durch Steine und Beton ersetzte und mit dem Bau der Mauer begann. Es war kein Risiko mehr.

Wann hatte Kennedy gelernt, dass Berlin, militärisch der schwächste Punkt des Westens, nicht zu verteidigen war, aber auch nicht ständig politischen Erpressungen auf den Zugangswegen ausgesetzt sein durfte? Die Überlegung musste naheliegen, dass es eine Entspannungspolitik mit Moskau nicht geben konnte, solange die Achillesferse in Berlin existierte. Umgekehrt konnte die amerikanische Historikerin Hope Harrison 2003, nachdem sie Einsicht in Moskauer Archive erhalten hatte, dokumentieren, dass Chruschtschow Ulbricht getäuscht hatte. Er hatte ihn listig mit der Aussicht auf einen separaten Friedensvertrag vertröstet, während er sein Hauptziel verfolgte, mit der anderen Supermacht Stabilität zu erreichen. Und Kennedy verkündete seinen Erfolg, die unantastbare Sicherheit Westberlins, erst 1963 mit seinem Ausruf »Ich bin ein Berliner«.

Danach gab es keine Krise mehr in Berlin, bis die Mauer fiel. Es gab auch keine Deutschlandkrise mehr.

Versuche, die deutsche Teilung zu erleichtern oder gar zu überwinden, fanden zwischen Washington und Moskau nicht statt. Der Status quo in Europa funktionierte und überlebte sogar die Kuba-Krise; er überlebte sich erst durch die deutsche Wiedervereinigung und das Ende der Sowjetunion. Ich kenne keine ungeschriebene Vereinbarung in der Geschichte, die so verlässlich fast dreißig Jahre lang funktioniert hat. Diese Dimension konnte in keiner Hauptstadt gedacht werden.

*

Präsident Kennedy war zunächst ungehalten, wenn nicht verärgert über Brandts Brief gewesen, hatte aber schnell reagiert und eine Kampfgruppe von 1500 Mann zur Verstärkung der Berliner Garnison in Marsch gesetzt. Für ihren Empfang hatte er seinen Vizepräsidenten Lyndon B. Johnson und den Helden der Luftbrücke, General Lucius D. Clay, nach Berlin geschickt, und die Berliner jubelten den Amerikanern zu, als kehrten eigene Soldaten aus einem siegreichen Krieg zurück.

Johnson genoss die sicht- und hörbare Aufhellung der Stimmung. Im Schöneberger Rathaus hatte er die Slipper von Brandt bewundert. Wer Aktionen fordert, sollte selbst auch dazu bereit sein. Also besorgte das Protokoll am Sonnabend aus einem schon geschlossenen Geschäft Slipper. Beim Probieren stellte sich heraus, dass er zwei unterschiedliche Größen brauchte – auch das wurde erledigt.

Den Antwortbrief Kennedys, den Johnson überbracht hatte, lasen wir erst nach seinem Abflug. Die Antwort des

Präsidenten war ernüchternd: Die Mauer sei nur durch Krieg zu beseitigen, doch »weder Sie noch irgendeiner unserer Verbündeten haben jemals überlegt, an diesem Punkt Krieg zu führen«. Dass die Mauer eine Niederlage Chruschtschows sei, weil er sie nicht gebaut hätte, wenn er noch die Absicht haben würde, ganz Berlin zu besetzen, empfanden wir als Augenwischerei, ohne die Weitsicht Kennedys zu verstehen.

Nun wussten wir: Die Teilung würde lange dauern. Dies auszusprechen verbot sich, um die Menschen nicht noch mehr zu entmutigen. Zunächst war das nur bitter. Unsere Studenten wollten dem Beispiel ihrer algerischen Kommilitonen folgen und mit Plastiksprengstoff die Mauer schneller in die Luft jagen, als sie wieder aufgebaut werden konnte. Der Senat musste die eigene Polizei zum Schutz der Mauer einsetzen. Unsere Polizisten durften Flüchtlingen keinen Feuerschutz geben, obwohl sie nach unserem Verständnis im Recht waren, wenn sie fliehen wollten; sie durften auch nicht auf die NVA-Leute schießen, die nach unserem Verständnis zu Unrecht Waffen und Uniformen trugen. Und unsere Staatsanwaltschaft erhob keine Anklage wegen unterlassener Hilfeleistung, weil Frieden im eigenen Interesse lag. Der Status quo durfte nicht gefährdet werden.

Was im Senat erkannt, aber nicht ausgesprochen wurde, offenbarte sich ein Jahr später, als der Flüchtling Peter Fechter angeschossen auf den Boden des Ostsektors zurückfiel und fünfzig Minuten lang schreiend mit dem Tod kämpfte, bis er starb. Die Westberliner forderten den dabeistehenden amerikanischen Offizier auf, ihm zu helfen, weil ihn seine Uniform schütze. Sie erhielten brutal und korrekt den Bescheid: Meine Kompetenzen sind an der Sektorengrenze zu Ende. Damit wurde die Realität hinter dem Vier-Mächte-Schleier enthüllt, was die ersten antiamerikanischen Kundgebungen nach dem Krieg auslöste. Als sich amerikanische und sowjetische Panzer am Checkpoint Charlie auf weniger als 200 Meter gegenüberstanden, bemerkte Brandt im Rathaus, wenn die Elefanten tanzten, gingen die Mäuse besser zur Seite.

Der Besuch Kennedys am 26. Juni 1963 in Berlin wurde von seinem Pressesprecher Pierre Salinger vorbereitet. Ich lernte: Winkel und Entfernung der Kameras zum Redner sind wichtiger als die Zuhörer, denn das Fernsehen erreicht mehr Zuschauer.

Nach einer rauschenden Stadtrundfahrt »besichtigte« der Präsident zunächst die Toilette des Regierenden, bevor er in dessen Büro mit dem Dolmetscher auf und ab lief und leise seine Rede einübte. Niemand auf unserer Seite wusste, was er sagen würde. An Brandts Schreibtisch saß Adenauer und las das *Neue Deutschland*. Niemals war der Platz vor dem Rathaus so überfüllt. Als Kennedy seinen berühmten Satz ausrief, der die Stadt unangreifbar machte, freute sich Adenauer, und Brandt blieb säuerlich ernst. »Ich bin ein Berliner« passte genau zur Stimmung. Am Nachmittag in der Freien Universität sprach der Präsident über Entspannung und Zusammenarbeit mit der Sowjetunion. Nun freute sich Brandt, während das Gesicht Adenauers erstarrte.

Trotz der Begeisterung für Kennedy war klar: Niemand würde helfen, das Monstrum der Mauer zu beseitigen. In dieser Notlage keimte der Gedanke, wenigstens einigen Menschen zu ermöglichen, ihre Angehörigen »drüben« zu besuchen, auch wenn es nur für Stunden wäre. Gegen menschliche Erleichterungen hatte keine der Vier Mächte etwas. Auch nicht als sie feststellten, dass vorher das Tabu direkter Verhandlungen zwischen dem Senat und Ostberlin gebrochen werden musste. Sie hatten die Festigung des Status quo ja schon vorher ungeschrieben vollzogen. Wichtig war ihnen nur, dass ihre unkündbaren Siegerrechte unangetastet blieben. Sie zu respektieren war der einzige Weg, unsere eigenen Interessen zu verfolgen. So harmlos fing es mit den Passierscheinen an, die den Westberlinern zu Weihnachten 1963 erstmals wieder einen Besuch ihrer Verwandten im Ostteil der Stadt ermöglichten.

Am 18. Dezember 1963 feierte Willy Brandt seinen fünfzigsten Geburtstag. Es war der erste Tag, an dem Passierscheine ausgegeben wurden. Er bekam ein Ständchen und fand: »Das ist einer der schönsten Tage in meinem Leben. Diese Weihnachtswochen werden dokumentieren, dass wir ein Volk und eine Nation sind.«

Dass acht Jahre später, 1971, das sogenannte Vier-Mächte-Abkommen in einer ganz Deutschland betreffenden Frage nicht mehr ohne die Mitwirkung der beiden deutschen Regierungen entschieden werden konnte, verbarg sich noch hinter dem Horizont. Wiederum neunzehn Jahre später, 1990, waren die Vier Mächte zu Notaren geworden, die nicht mehr anders konnten als die Realitäten zu unterzeichnen, die durch den Sturm auf die Mauer entstanden waren.

Die Rückschau bestätigt den Mauerbau als Wendepunkt der deutschen Nachkriegsgeschichte. Er löste die deutsche Entspannungspolitik aus, durch die aus den beiden deutschen Objekten der vier Siegermächte ein souveränes Subjekt in der Mitte Europas wurde. Ohne diese Politik wäre die Einheit jedenfalls so nicht erreicht worden.

Neue Ziele

Zu einem wichtigen programmatischen Markstein wurde im Juli 1963 die Tutzinger Tagung. Im Hinblick darauf, dass er zwei Jahre später zum Kanzler gewählt werden könnte, hatte der Politische Club der Evangelischen Akademie Tutzing Brandt gebeten, seine Vorstellungen zur Außen- und Sicherheitspolitik darzulegen. An dem Manuskript haben wir mit großer Sorgfalt gearbeitet, es ging mehrfach hin und her. Währenddessen rief mich der Direktor der Akademie, Roland-Friedrich Messner, an und bat mich, einen Diskussionsbeitrag vorzubereiten. Ich zögerte, weil mein Kopf inzwischen leer war. Nach langem Zureden entschloss ich mich, einen Punkt aus der Brandt-Rede zu nehmen und an ihm zu exemplifizieren, was unsere außenpolitischen Konzepte für das Verhältnis zwischen den beiden deutschen Staaten bedeuteten. Nach dieser Idee konnte ich das Manuskript in eineinhalb Stunden herunterdiktieren und meinem Vertreter im Amt geben, der das im Text enthaltene Schlagwort »Wandel durch Annäherung« als Titel darübersetzte. Auf dem Weg nach München gab ich das Manuskript Brandt. Er las es, brummte, gab es zurück und sagte »Okay«.

Wir waren beide überrascht, dass mein kleiner Diskussionsbeitrag wie eine politische Bombe einschlug und, zum unverhohlenen Missfallen Brandts, seine große Rede nicht die gebührende Beachtung fand. Aus dem Diskussionsbeitrag, der auch in der eigenen Partei heftigen Widerspruch fand – Herbert Wehner sprach von »bahrem Unsinn« –, wurde wenige Jahre später die Entspannungspolitik in Bonn.

*

Dem SPD-Kanzlerkandidaten fehlte eine Begegnung mit unserem Nachbarkontinent Afrika. Ich hatte die ehemaligen französischen Kolonien in West- und Zentralafrika besucht und dann 1959 in Ghana als Beauftragter der Bundesregierung gearbeitet. Es kostete mich viel Mühe, den Chef für eine Reise zu gewinnen, die wir im Herbst 1963 endlich antraten. Schon die erste Station Kairo brachte uns die eindrucksvolle Begegnung mit Gamal Abdel Nasser, der uns leise und eindringlich seine deprimierende Perspektive darlegte: Wenn der Assuan-Damm vollendet und nach zehn Jahren der See gestaut sei, würde die Anbaufläche für Baumwolle zwar verdoppelt. Aber die Bevölkerung sei bis dahin noch schneller gewachsen. Die Armut würde zunehmen.

Seine Majestät Haile Selassie von Äthiopien erklärte, dass nicht mehr junge Leute in Europa studieren dürften, als das Land benötige. Eine Universität schaffe nur eine Masse unruhiger, beschäftigungsloser junger Menschen. Julius Nyerere beschwor uns in Daressalam, sein Land brauche keine Landwirtschaftshilfe aus der Bundesrepublik, sondern die nötige Technik, um die totale Energieabhängigkeit Tansanias zu verringern. Die gerade erst selbständig gewordenen, aber von internationalen Konzernen abhängigen Staaten wie Nigeria und Algerien brachten dem Freund neue Einsichten.

Zurück in Berlin trafen wir uns in Brandts Haus am Schlachtensee mit seinem Statthalter Heinrich Albertz, der berichtete, was sich »im Städtchen« inzwischen zugetragen hatte. Ans Telefon gerufen, erhielt ich die Mitteilung, auf Kennedy sei ein Anschlag verübt worden. Wenig später kam die Schocknachricht von seinem Tod. Die harten Realitäten gestatteten keine Hingabe an die Trauer. Erklärungen, Beflaggung, Interviews und Überlegungen zur Teilnahme an der Beisetzung standen an. Inzwischen hatten die Berliner wie beim Tod Ernst Reuters Kerzen in die Fenster gestellt. Sie trauerten um den Mann, der ihre Sicherheit garantiert hatte. Diesen 22. November 1963 haben viele Menschen auf der Welt nicht vergessen.

Anfang 1964 folgte Brandt dem verstorbenen Erich Ollenhauer an der Spitze der SPD nach. Im folgenden Jahr bewarb er sich zum zweiten Mal um das Amt des Bundeskanzlers. Wieder holte er für seine Partei ein Rekordergebnis, unterlag aber Ludwig Erhard.

Ein nie gedrucktes Buch

Nach der wiederum verlorenen Bundestagswahl 1965 und der Blockierung der deutschen Frage durch die Mauer schien es mir nützlich, das Konzept einer zukünftigen Ost- und Deutschlandpolitik auszuarbeiten unter der naheliegenden Überschrift »Was nun?«. Das Manuskript umfasste 180 Seiten und wurde Ende März 1966 fertig. Ich übergab es Willy Brandt, der darauf schon am 6. April ausführlich reagierte.

Es stellte die Fortsetzung meiner Zehlendorfer Rede dar und schlug die ausdrückliche Umkehr der bisherigen Bonner Politik vor, also erst Entspannung und dann Einheit. Dafür arbeitete ich als Schlüssel zur Lösung der Deutschen Frage ein europäisches Sicherheitssystem aus, das Sicherheit *für* Deutschland mit Sicherheit *vor* Deutschland verband, auf der Grundlage einer stabilen Abschreckung durch die beiden Supermächte. Der Prozess sollte mit einer Vereinbarung über das geregelte Nebeneinander der beiden deutschen Staaten beginnen und Moskau auf dem gesamten Weg einbeziehen. Die angestrebte Transformation dürfe nicht – wie 1953 in der DDR und 1956 in Polen und Ungarn – in Gewalt umschlagen. 1989 haben alle vier Mächte nach der Erstürmung der Mauer die deutsche Politik gewarnt: »Das darf nicht außer Kontrolle geraten.« 1966 konnte keine Regierung die Auflösung der Sowjetunion vorhersehen. Eine Art von Liberalisierung wurde für möglich gehalten, aber nicht das Ende des Imperiums.

Willy Brandt reagierte auf das unerwartete Manuskript schnell, klar und mit großem Einfühlungsvermögen in die Seele des Verfassers: »Der Berliner Pressechef und enge Mitarbeiter des SPD-Vorsitzenden kann die Schrift *so* nicht veröffentlichen.« Er regte an, das Manuskript »zum Inhalt einer zunächst internen Denkschrift für die Führung der Partei« zu machen. Die Reaktionen auf meinen Diskussionsbeitrag in Tutzing waren noch ziemlich präsent. Ein ganzes Buch mit einem Inhalt, der aufgeregte Auseinandersetzungen auslösen würde, konnte nicht im Interesse des Chefs sein. Er empfahl eine »kleine Arbeitsgruppe«, um dann eventuell im Herbst »eine stark überarbeitete Fassung« veröffentlichen zu können, und schlug vor, das europäische Sicherheitssystem und die Sicherheitsvorkehrungen für das vereinte Deutschland mit Helmut Schmidt durchzusprechen. Seine Bedenken verstand ich als sublime Form der Ablehnung. Sie galten dem Stufenmodell, das, wie er erklärte, »auf mich aus der Sicht der praktischen Politik unwirklich wirkt«.

In dem vorgesehenen Text hatte ich formuliert, dass »der Regierende Bürgermeister von Berlin, Willy Brandt, mit diesem Buch nichts anderes zu tun hat, als dass er Mitarbeitern gestattet, eigene Gedanken zu haben und sie zu äußern«. Dazu wies er mich, handgeschrieben und schonungsvoll ausführlich, auf eine Szene hin, die Kennedys Rechtsberater Ted Sorensen in seiner Biographie des Präsidenten geschildert hatte: »Im Dezember 1960 ging ich mit Kennedy eine Reihe von Einladungen durch, die man mir zugeschickt hatte. Ich sollte Vorträge halten; außerdem wollten mehrere Zeitschriften Beiträge über meine

Person bringen. ›Lassen Sie sie alle zurückgehen‹, sagte er, und ich folgte seinem Rat. … ›Wenn man sich aus allen Scherereien heraushalten will, ist es am besten, im Hintergrund zu bleiben.‹«

Wie oft hatte der Chef früher als ich etwas gelesen (wann eigentlich?), was wichtig oder auch schön, sogar pikant war. Oft riet er mir: »Das brauchst du nicht zu lesen.« Über literarische Neuerscheinungen war er gut informiert. Nun ging ich also zu ihm, um ihm mitzuteilen, dass ich die Frage »Was nun?« damit beantworte, das Buch ungedruckt zu lassen. Ohne große Reaktion machte er mich mit einem ganz anderen Thema bekannt. Es sei denkbar, dass im Herbst eine Große Koalition gebildet würde, was bei ihm keine Begeisterungsstürme hervorrufe. Meine Phantasie reichte für die Vorstellung, unter diesen Umständen hätte das Buch wie eine Bombe gewirkt.

Dennoch habe ich die Arbeit nicht bereut. Vor allem: Brandt hatte das Manuskript gelesen und verstanden. Wir brauchten darüber nicht mehr zu sprechen. Es enthielt zentrale Themen unserer Politik der folgenden Jahre. Dass ich den mir wichtigen Text im Schreibtisch verschloss, hat Brandt Ärger erspart. Er wusste, dass er sich auf meine freundschaftliche Loyalität verlassen konnte. Der Berater war zum Freund geworden.

TEIL 2 – BONN

Die Große Koalition – ungeliebt und unentbehrlich

Brandt litt zunächst an den Diffamierungen des Wahlkampfes und an der verlorenen Bundestagswahl 1965. Doch auf dem Parteitag im Juni 1966 wurde er als Parteivorsitzender glänzend bestätigt. 324 von 326 Delegierten stimmten für ihn.

Nachdem sich die von Kanzler Erhard geführte Bundesregierung nicht auf eine von der CDU/CSU geplante Steuererhöhung hatte einigen können, traten die FDP-Minister am 27. Oktober 1966 zurück. Noch am selben Tag listete ich für Brandt in einer ausführlichen Analyse unsere Optionen auf. Ein Zusammengehen mit der Union habe den Geschmack von »widernatürlicher Unzucht«, die FDP sei als Partner unbedingt vorzuziehen. Aber: »Wenn es wegen der FDP mit der FDP nicht klappt, muss die Möglichkeit einer Großen Koalition noch einmal ernsthaft durchdacht werden … Es könnte die einzige Chance sein, in diesem Volk wirklich akzeptabel zu werden.« Bei allen Risiken: »Auf keinen Fall darf die SPD draußen bleiben.«

Während sich die Sozialdemokraten mit Herbert Wehner und Helmut Schmidt und die CDU/CSU mit

Kurt Georg Kiesinger und Rainer Barzel schon zur großen Karawane formierten, fand hinter den Kulissen eine zukunftsträchtige Kontaktaufnahme statt. Brandt schickte mich nach Bonn, um mit Hans-Dietrich Genscher, damals Fraktionsgeschäftsführer der FDP im Bundestag, die Möglichkeiten einer Koalition zu sondieren. Das Gespräch fand in seinem Büro statt. Er war entschieden dafür, trotz der relativ knappen Mehrheit. Aber Genschers Parteifreunde Walter Scheel und William Borm warnten, die Geschlossenheit der liberalen Fraktion sei nicht gesichert. Also wurde der Versuch beerdigt, und ich entwarf einen Brief an Scheel, in dem der Chef bedauerte, dass es nicht zu einem Bündnis gekommen war: »Das sollte uns nicht abhalten, in Verbindung zu bleiben … Ich hoffe sehr, dass wir uns das erhalten können.« Es dauerte dann bis zum Dezember 1966, ehe die neue Regierung vereidigt wurde. Mit ihr erreichte Herbert Wehner sein erstrebtes Ziel.

Die Große Koalition war Brandt zuwider. Am liebsten wäre er Parteivorsitzender geblieben. Doch ein Parteivorsitzender außerhalb des Kabinetts oder ein Vizekanzler mit unbedeutendem Ressort widersprachen nicht nur seinem Stolz, sondern auch seinem Machtbewusstsein und letztlich dem Reiz des Auswärtigen Amtes.

Die Diffamierungskampagnen der zurückliegenden Jahre hatten sich ihm tief in die Seele gegraben. Mit der bald verbreiteten Bezeichnung einer »Bundesregierung der Versöhnung« musste er sich erst versöhnen. Er kannte die gegenläufigen Biographien der Regierungsmitglieder: Neben dem Emigranten und früheren Linkssozialisten

Brandt saß Kiesinger, der genauso wie der SPD-Wirtschaftsminister Karl Schiller Mitglied der NSDAP gewesen war. Während der Exkommunist Wehner, nun Minister für gesamtdeutsche Fragen, das Moskauer Hotel Lux überlebt hatte, war Finanzminister Franz Josef Strauß Wehrmachtsoffizier gewesen.

Für Strauß empfand Brandt Achtung. Er fand, dass der Bayer mit seinen Fähigkeiten und seiner Energie das Zeug zum Kanzler hatte, auch wenn er sich mit seiner Unbeherrschtheit selbst im Weg stand. Ich verglich den CSU-Mann mit einem Kraftwerk, das über die Sicherungen eines Kuhstalls verfügt.

Kiesinger hingegen, intern »König Silberzunge« genannt, schätzte Brandt als Leichtgewicht ein. Er fühlte sich in dessen Gegenwart nicht wohl und überließ Wehner gern die Kommunikation mit dem Regierungschef. Die Fraktionsvorsitzenden Helmut Schmidt und Rainer Barzel, zwei vorzügliche Manager, sorgten im Parlament für einen störungsfreien Ablauf.

Im Auswärtigen Amt

Der Unterschied zwischen der Senatskanzlei im Schöneberger Rathaus mit einem Dutzend höherer Beamter und drei Verbindungsoffizieren zu den Alliierten einerseits und dem Apparat des Auswärtigen Amtes andererseits kann mit dem zwischen einem gut verwalteten Handwerksbetrieb und einem internationalen Konzern verglichen werden, oder mit dem zwischen dem Berliner Polizeipräsidenten und dem Verteidigungsminister in Bonn. Die Bundesebene verlangte andere Qualitäten, und das Maß der täglichen Informationen und Aktionen stellte selbst für den Regierenden Bürgermeister von Berlin eine neue Dimension dar. Einen direkten Sprung vom Schöneberger Rathaus ins Kanzleramt hätte Brandt nicht geschafft.

In einem Vermerk für den neuen Außenminister Brandt formulierte ich noch in gewohnter Berliner Manier überdeutlich: Das Wichtigste sei, die Behauptung Adenauers zu widerlegen, Sozialdemokraten in der Regierung wären der Untergang Deutschlands. »Die psychologische Rechtfertigung der Großen Koalition, also das Schlachten mancher heiliger Kühe, muss erst noch passieren.« Das »Schlachten heiliger Kühe« unterstrich Brandt und entschied am Rand: »Nein, Orientierung, gemeinsamer Nenner!« Also Versöhnung durch Zusammenarbeit statt außenpolitischer Tabubrüche auf Kosten des Koalitionsfriedens.

Alle anderen Zielsetzungen aus dem Vermerk übernahm er: Aufnahme diplomatischer Beziehungen mit den osteuropäischen und arabischen Ländern, eine NATO-Reform, sogar diplomatische Beziehungen zur Volksrepublik China. »Dies würde«, so schrieb ich, »ohne materiell viel einzubringen, das Erwachsensein der Bundesrepublik psychologisch am stärksten zum Ausdruck bringen.« Im Rückblick ist die außenpolitische Bilanz der Großen Koalition durchwachsen: weniger als erhofft und mehr, als erwartet werden konnte.

Der neue Minister wurde im Auswärtigen Amt respektiert. Von seinen beiden Mitbringseln aus Berlin galt Klaus Schütz, nunmehr Staatssekretär, als praktische Intelligenz und ich, nunmehr Leiter des Planungsstabes, als theoretische Intelligenz. Wenigstens waren wir nicht nur Parteisoldaten. Wie sich dieses Spitzentrio mit dem Corpsgeist des Amtes arrangieren würde, blieb abzuwarten. Nach siebzehn Jahren systematischer Personalpolitik der CDU verbot sich der befürchtete Kraftakt einer »sozialistischen Umschichtung«. Dafür fehlten nicht nur hinreichend befähigte Sozialdemokraten. Unser Prinzip von Loyalität und Leistung war auf allmähliche Veränderungen ausgelegt. Außerdem hätte es überhaupt nicht zu der Idee einer der Versöhnung dienenden Regierung gepasst, gleich mit einer Säuberung zu beginnen und die Nazivergangenheit der hohen Beamten zu überprüfen, mit der alleinigen Ausnahme des neuen Bundeskanzlers.

Meinen ersten Gedanken, »während der Flitterwochen« personelle Pflöcke einzurammen, verwarf ich schnell als schlicht weltfremd. Auch das Auswärtige Amt war im

Dritten Reich der Gleichschaltung nicht entgangen. Bei einem auch nur etwas genaueren Blick zeigte sich, dass seine Beamten sich von denen in anderen Institutionen nicht wesentlich unterschieden, wenn auch die spezielle Ausprägung des diplomatischen Dienstes mit der Verwendung im Ausland nicht zu übersehen war: Charakter, Talent, Opportunismus, Unauffälligkeit und Herkunft erzeugten eine einzigartige Mischung. Beim Aufbau des Dienstes nach dem Krieg hatte die vorweggenommene Versöhnung den Namen Globke getragen. Das Netz der »Ehemaligen«, fast durchweg Mitglieder der NSDAP, hatte geradezu bewundernswert funktioniert.

In einem Ausblick, den ich für Brandt noch vor Weihnachten 1966 schrieb, definierte ich »drei Schichten: die Reaktivierten aus dem alten AA, die ›Neuen‹, überwiegend aus der Diplomatenschule in Speyer, und die ›Außenseiter‹. Die zweite Gruppe verbindet große Erwartungen mit echter Bereitschaft zur Zusammenarbeit.« Die Gruppe der Außenseiter sei sehr heterogen: Leute, deren schreiende Unfähigkeit »kein Grund gewesen sei, sie für ›gute CDU-Arbeit‹ nicht zu belohnen«, sowie die aus unterschiedlichen Gründen »zu kurz Gekommenen«.

Die Aufgabe, das gesamte Amt arbeitsfähig zu halten und zu integrieren, gab ich zu bedenken, verbiete jede selektive Personalpolitik: »Ein eiserner Besen von Personalpolitik unter parteipolitischen Vorzeichen wäre nur die andersgeartete Fortsetzung der bisherigen CDU-Politik.« Die Folgerung müsse heißen, »loyale Leistung zum obersten Maßstab« zu machen. Auf die Mitarbeit ausgesuchter »Ehemaliger« war nicht zu verzichten. Für »unsere Freunde« bedeutete das nachvollziehbare Enttäuschungen. Aus der SPD gab es Kritik und die Forderung, bisherige Opfer der CDU-Politik besonders zu fördern und auch geeignete Sozialdemokraten einzustellen. Aber Brandt blieb bei seiner Linie: Integration. Sie war nicht nur durch den Versöhnungscharakter des neuen Kabinetts begründet, sondern auch durch Erfahrung und Weitsicht.

Während seiner fast dreijährigen Amtszeit musste der Außenminister über zahlreiche Beschwerden und Wünsche entscheiden. Dabei war ihm Georg Federer als Leiter der Personalabteilung der wichtigste Berater und Helfer, nicht weil, sondern obwohl er »Parteigenosse« im alten Amt gewesen war. Er kannte seine Pappenheimer, wusste die Spreu vom Weizen zu trennen, war loyal dem Minister wie dem Amt gegenüber.

Unsere Prinzipien bewährten sich. Ich sah zum Beispiel Franz Krapf wieder. Unsere zufällige Bekanntschaft stammte aus dem Zug, in dem wir anlässlich der Verhandlungen zum Schuman-Plan 1950 nach Paris gefahren waren. Er fand es unmöglich, dass unsere Delegation durch »einen ganz unbekannten Professor namens Hallstein« geleitet werden sollte. Nach den Kriterien, die Joschka Fischer als Außenminister anordnete, erhielten ehemalige Mitglieder der NSDAP keinen ehrenden Nachruf mehr in der Mitarbeiterzeitschrift des Amtes. Als einen der Ersten traf es Franz Krapf. Der Siebenundzwanzigjährige hatte 1938 im Auswärtigen Amt seinen Dienst angetreten und war von 1940 bis 1945 an der Botschaft in Tokio tätig gewesen. In einem Entnazifizierungsverfahren 1948 als »entlastet« eingestuft, kehrte er 1951 in das neugegründete Auswärtige Amt zurück und wurde unbeanstandet in Paris und Washington verwendet, bis er 1966 zum Botschafter in Tokio und 1971 zum Leiter unserer NATO-Vertretung in Brüssel aufstieg.

Nachdem Heinrich Albertz wegen des Todesschusses auf Benno Ohnesorg als Regierender Bürgermeister zurückgetreten war, musste Brandt Klaus Schütz gewissermaßen nach Berlin dienstverpflichten. Zum neuen Staatssekretär wurde Georg Ferdinand Duckwitz ernannt. Dieser Mann des alten Amtes, seit 1932 Mitglied der NSDAP, hatte 1943 in Kopenhagen an unserer Gesandtschaft von der bevorstehenden Deportation der Juden erfahren und Hans Hedtoft informiert, nach dem Krieg dänischer Ministerpräsident. Fast alle Juden konnten mit Fischerbooten nach Schweden gebracht und gerettet werden. Duckwitz war 1950 wieder in den diplomatischen Dienst aufgenommen worden. Es überrascht nicht, dass er nach dem Krieg ein willkommener und geachteter Botschafter der Bundesrepublik in Kopenhagen wurde.

Dem alten Amt hatte auch Hans von Herwarth gedient. Er war bis 1939 an der deutschen Botschaft in Moskau tätig gewesen, und nur eine jüdische Großmutter hatte ihn vor der Mitgliedschaft in der NSDAP bewahrt. Mit der Gründung des neuen Amtes wurde er Chef des Protokolls, dann Botschafter in London und Chef des Bundespräsidialamtes. Brandt holte ihn aus dem Ruhestand und gab ihm den Auftrag, eine Reform des Auswärtigen Amtes vorzubereiten. Das stieß auf den Widerstand vieler Ressorts, die besonders über die europäische Behörde in Brüssel zunehmend Geschmack an der Außenpolitik gefunden hatten, an der sie sich wenigstens beteiligen, am besten über sie mitbestimmen wollten. Kiesinger, seinem Ruf als »wandelnder Vermittlungsausschuss« getreu, stellte es dennoch dem Außenminister anheim, seine Reformkommission einzusetzen. Ihr Schlussbericht wurde 1971 vorgelegt, das Gesetz darüber mit den Stimmen aller Fraktionen schließlich 1990 verabschiedet. Brandt konnte die Geburt seines 1968 »gezeugten Kindes« noch zwei Jahre vor seinem Tod erleben.

Der Regierende Bürgermeister hatte sich bei seinen Reisen in die Welt in unseren Vertretungen durchweg tadellos aufgenommen und gut beraten gefühlt, obwohl er fast nie auf Sozialdemokraten gestoßen war. Diese Erfahrung passte zu seiner Grundhaltung: Wer schon im Exil für das bessere Deutschland geworben hatte, konnte nach der Rückkehr nicht Vergeltung oder gar Rache predigen. So sorgte er nach der Entlassung von Albert Speer aus dem Spandauer Gefängnis 1966 dafür, dass er nicht einem Spruchkammerverfahren unterworfen wurde. Die Journalistin Inge Deutschkron gab daraufhin ihr SPD-Parteibuch zurück und beantragte ihre Staatsbürgerschaft in Israel.

Kurz: Brandt wurde zu einem Verfechter der Integration, nicht um die Vergangenheit zu vertuschen oder hinter sich zu lassen, sondern mit dem Blick in die Zukunft unserer Gesellschaft. Als erster Sozialdemokrat, der nach 36 Jahren in eine deutsche Regierung eintrat, bestand er in seiner ersten Personalversammlung auf dem Trennungsstrich zur deutschen Vergangenheit; auch gegenüber der vorherigen Bundesregierung, die immer noch auf der

Wiederherstellung Deutschlands in den Grenzen des Jahres 1937 bestanden hatte. Der Krieg könne nicht mit juristischen Formeln nachträglich gewonnen werden. Er erklärte den Willen zum Frieden und zur Völkerverständigung zum ersten und letzten Wort. Er vergaß nicht die Tradition des Amtes, bezog sich auf Rathenau und Stresemann und erwähnte Bismarcks Verurteilung einer Politik des »Alles oder Nichts«.

Die Grundmelodie seiner Linie wurde von den Nachfolgern Scheel, Genscher, Kinkel und Fischer variiert. Fischer nahm insofern eine Sonderposition ein, als er mit dem Mut zur Aufarbeitung der Vergangenheit eine Kommission installierte, die durch ihre fünfjährige Tätigkeit nachträglich bewies, wie unmöglich es 1966 gewesen wäre, das undurchsichtige Gestrüpp des Auswärtigen Dienstes im Einzelnen zu durchforsten. Dass es sechzig Jahre lang keinen öffentlichen Druck gab, die Vergangenheit unserer staatlichen Behörden aufzuarbeiten, ist beschämend. Erst seit 2010 wagen sich der BND und einige Ministerien an diese Aufgabe, die immer noch als heißes Eisen empfunden wird.

Im Planungsstab

Mein erster Genuss: Ich wurde praktisch der bestinformierte Mensch im Amt. Der Stab erhielt alle Telegramme unserer Vertretungen wie sonst nur der Minister und die Staatssekretäre, die aber keine Zeit hatten, sie zu lesen. Meine Mitarbeiter wählten alle Informationen aus, die ich kennen musste. Und Brandt wusste, dass mein Wissen sein Wissen war. Ich war stolz, dass unser Staat sich einen solchen Apparat leistete und der Luxus, nachdenken zu dürfen, auch noch bezahlt wurde.

Mein Vorgänger Günter Diehl wechselte ins Kanzleramt und nahm die besten Mitarbeiter des Stabes mit. Der Chef ließ mir freie Hand bei der Auswahl der Nachfolger. Alle erwiesen sich als hervorragend. Für mich wurde es die Zeit, aus dem Tutzinger Entwurf eines »Wandels durch Annäherung« eine ausgearbeitete Konzeption zu entwickeln. Von Diehl hatte ich gelernt, als Botschafter zbV (zur besonderen Verwendung) auch außenpolitisch operieren zu können.

So unglaublich das auch heute klingt: Eine Konzeption mit dem Ziel der deutschen Einheit existierte nicht. Mein sympathischer und intelligenter Vorgänger hatte noch im März 1966 empfohlen, sich auf das Halten gut befestigter Stellungen zu beschränken, und »keine Notwendigkeit« gesehen, die »Hallstein-Doktrin« aufzugeben. Meine Vorgabe an den Planungsstab, ein Konzept zur deutschen Einheit zu entwickeln, erfuhr die geläufige Antwort, das liege in der Kompetenz der Vier Mächte. Die Aufgabe, unterhalb dieser unkündbaren Siegerrechte die deutschen Interessen zu analysieren und das Undenkbare zu denken, mochte den Kollegen illusionär erschienen sein, aber auch reizvoll. Brandt kannte die Neuorientierung und teilte sie. Es brauchte nichts mehr abgesprochen zu werden.

Die erste von uns erarbeitete Studie »Konzeptionen der Europäischen Sicherheit« untersuchte die außenpolitischen Voraussetzungen der »Sicherheit für Deutschland und der Sicherheit vor Deutschland«. Wir nahmen die Interessen aller Staaten unter die Lupe und bewerteten Alternativen. Die Beteiligung der DDR als Staat in jedwedem europäischen Sicherheitssystem und die Anerkennung der Oder-Neiße-Grenze wurden als unvermeidbar erkannt. Das Papier wurde im Juni 1968 Brandt vorgelegt.

Wichtiger war die zweite Studie »Überlegungen zur Außenpolitik einer künftigen Bundesregierung«, verbunden mit dem Konzept eines Rahmenvertrags mit der DDR. Brandt erhielt sie am 18. September 1969, also zehn Tage vor der Bundestagswahl, las sie während eines gemeinsamen Blitzfluges nach Washington und befand: »Gar nicht so schlecht. Ich hoffe, wir können das bald brauchen.« Wir hofften, waren aber gar nicht sicher, wie die Wahl ausgehen würde. Beide Papiere formulierten, was später das System der zweiseitigen Verträge mit Moskau, Prag und Ostberlin wurde. Beide waren unter dem Diktum geschrieben worden, dass sie den Interessen unseres Landes entsprächen, und in der Annahme, dass die

Große Koalition fortgesetzt würde. Für Brandt, den Feind von Superlativen, bedeutete die Bemerkung »gar nicht so schlecht« hohes Lob. Es war berechtigt, denn von der gründlichen und systematischen Arbeit profitierte ich 1970 in Moskau: Außenminister Gromyko stellte keine einzige Frage, die wir im Planungsstab nicht durchdacht hatten, so dass ich stets sofort antworten konnte.

Beide Papiere hatten die Erwartung enthalten, »dass die DDR in den nächsten vier Jahren den völkerrechtlichen Durchbruch erzielen wird«. Schon im Sommer 1962 hatte ich mich in einem Brief an Brandt besorgt gezeigt: »Die letzten Monate haben begonnen, in denen die De-facto-Anerkennung der Zone noch etwas bringt.« Das war ein Jahr vor Tutzing! Damals hatte er gesagt: »Du hast recht, aber was können wir tun?« Im Herbst 1969 stand fest, dass mehrere Länder der Dritten Welt, darunter auch Indien, trotz der Bonner Drohung mit dem Abbruch der diplomatischen Beziehungen bereit waren, die DDR völkerrechtlich anzuerkennen. Die Politik der Nicht-Anerkennung ließ die Bundesrepublik zunehmend in Gefahr geraten, sich selbst zu isolieren, zumal auch die Verbündeten begannen, eigene Entspannungsübungen zu erwägen.

Der von uns geplante »Rahmenvertrag mit der DDR« brach mit vielen früheren Tabus und sagte im Klartext: Die DDR wird die volle Völkerrechtsfähigkeit erhalten; bleiben muss das Sonderverhältnis zwischen den beiden deutschen Staaten, die füreinander nicht Ausland sind, sondern Teil einer Nation. Die Grenze zwischen ihnen muss – wie zwischen allen anderen europäischen Staaten – unter den allgemeinen Gewaltverzicht gestellt werden. Der bisher ungeregelte zivile Reiseverkehr zwischen Westberlin und der Bundesrepublik muss vertraglich vereinbart werden. Das alles verlangt am Beginn die Verbesserung der Beziehungen zur Sowjetunion.

Der Rahmenvertrag wurde später Grundlagenvertrag genannt. Dass er dann nach der sozialliberalen Regierungsübernahme 1969 zwischen den neuen Koalitionspartnern reibungslos vereinbart werden konnte, lag daran, dass ein Mitarbeiter im Planungsstab mir eröffnet hatte, er sei als Mitglied der FDP an einer Studie zu einem Grundvertrag mit der DDR beteiligt, der sogar die völkerrechtliche Anerkennung vorsah. Das war nach unseren Überlegungen unmöglich und wurde bei der FDP gestrichen. Brandt hatte mich damals fröhlich schmunzelnd ermutigt, »den Faden zu pflegen«. Im Ergebnis konnte ich den Entwurf für den außenpolitischen Teil der Regierungserklärung des Bundeskanzlers Brandt so schreiben, dass Scheel ihn durchlas und ohne Änderungen akzeptierte. So kann als ein Resultat der Großen Koalition verbucht werden, dass ihre Nachfolger über das, was andere dann Ostpolitik nannten, nicht erst nachdenken mussten. Sie konnten sofort operieren.

1   Im Gespräch mit Theodor Heuss beim ersten Bonner Presseball 1950. Dem um 23 Uhr mahnenden Protokollchef erklärte das Staatsoberhaupt: »Der Bundespräsident ist gegangen, aber der Heuss bleibt hocken!«

2   Sie mögen sich. Beim ersten Besuch in ihrer Geburtsstadt Berlin nach dem Zweiten Weltkrieg wird Marlene Dietrich vom Regierenden Bürgermeister Willy Brandt im Rathaus begrüßt.

3 Zu Gast bei US-Justizminister Robert Kennedy 1961.

4 Gut gelaunt im Gleichschritt. 1961 war noch Zeit für einen Spaziergang in Washington.

5   Ein deutscher Kennedy? Der »Regierende« zu Gast bei John F. Kennedy im Weißen Haus, 1962.

6   »Wenn hier mal was passiert!« In den Hochhausschluchten der New Yorker Park Avenue fühlte Brandt sich nicht wohl.

7   Mit dem Chef der Senatskanzlei Heinrich Albertz (rechts) am Brandenburger Tor.

8   Ankunft am Flughafen Tempelhof nach einer USA-Reise.

9   Im Wahlkampf 1961 war der Altersunterschied des jugendlich wirkenden 47-Jährigen gegenüber dem 85-jährigen Kanzler nicht entscheidend.

10   Mit Ehepaar Brandt am Berliner Schlachtensee.

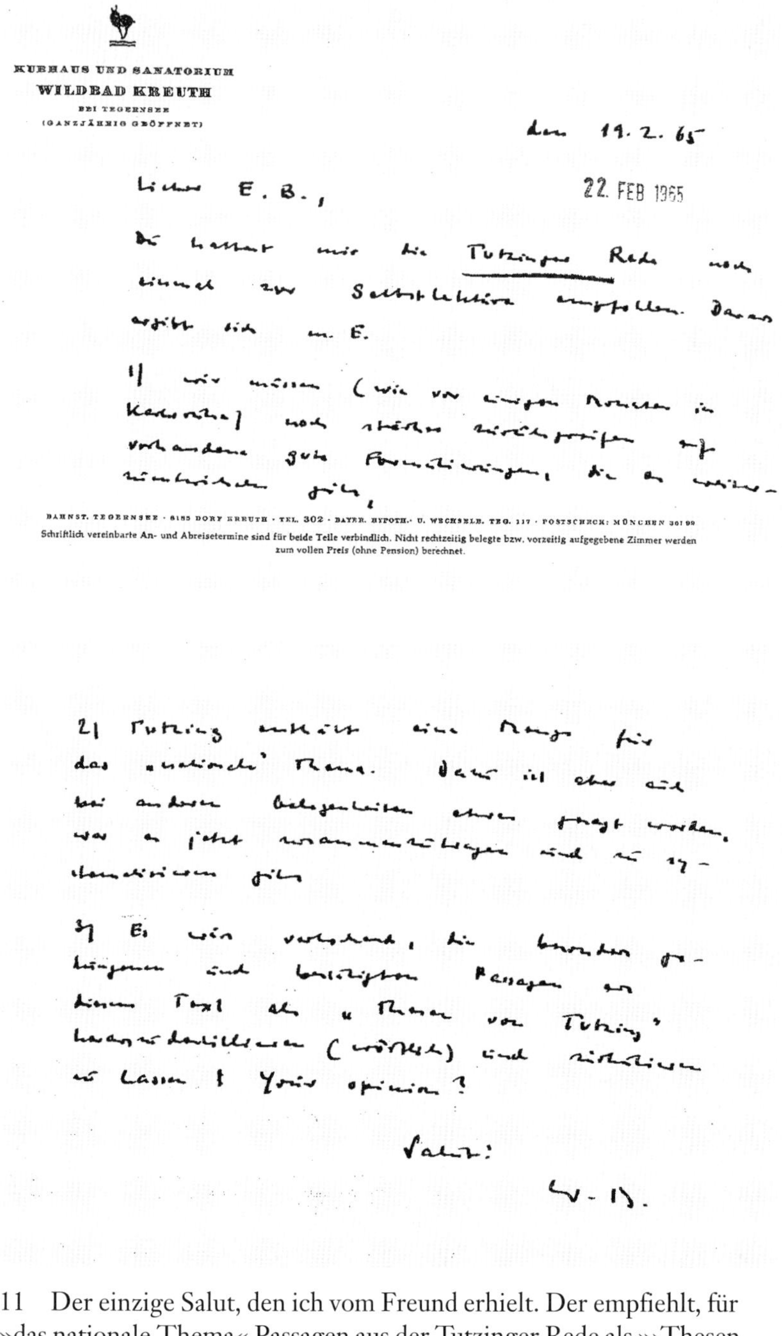

KURHAUS UND SANATORIUM
WILDBAD KREUTH
BEI TEGERNSEE
(GANZJÄHRIG GEÖFFNET)

den 19. 2. 65

22. FEB 1965

Lieber E. B.,

Du hattest mir die Tutzinger Rede noch einmal zur Selbstlektüre empfohlen. Daraus ergibt sich m. E.

1/ wir müssen (wie vor einigen Monaten in Karlsruhe) noch stärker zurückgreifen auf vorhandene gute Formulierungen, die es weiterzuverbreiten gilt,

BAHNST. TEGERNSEE · 8185 DORF KREUTH · TEL. 302 · BAYER. HYPOTH.- U. WECHSELB. TEG. 117 · POSTSCHECK: MÜNCHEN 301 99
Schriftlich vereinbarte An- und Abreisetermine sind für beide Teile verbindlich. Nicht rechtzeitig belegte bzw. vorzeitig aufgegebene Zimmer werden zum vollen Preis (ohne Pension) berechnet.

2/ Tutzing enthält eine Menge für das ›nationale‹ Thema. Dazu ist eher als bei anderen Gelegenheiten etwas gesagt worden, was es jetzt zusammenzutragen und zu systematisieren gilt.

3/ Es wäre verlockend, die besonders gelungenen und beständigsten Passagen aus diesem Text als »Thesen von Tutzing« herauszudestillieren (wörtlich) und zirkulieren zu lassen! Your opinion?

Salut!

W. B.

11 Der einzige Salut, den ich vom Freund erhielt. Der empfiehlt, für »das nationale Thema« Passagen aus der Tutzinger Rede als »›Thesen von Tutzing‹ herauszudestillieren«.

12 Zu Kurt Georg Kiesinger, dem Kanzler der Großen Koalition, hatte Brandt ein distanziertes Verhältnis. Die alltägliche Kommunikation überließ er gern dem Fraktionsvorsitzenden Helmut Schmidt.

13 Parteitag in Bad Godesberg im April 1969. Fünf Monate später entschied sich Brandt für die Koalition mit der FDP und wurde zum Kanzler gewählt.

14 Für einen Jux ist selten Zeit im Kanzleramt, es sei denn, der Gast verspätet sich.

Die Wirklichkeit

Erst in der Rückschau wird mir bewusst, wie tief ich in das noch unüberschaubare Feld der Arbeit im Planungsstab abgetaucht war. Die Achtundsechziger-Bewegung mit all ihren Aufregungen nahm ich nur am Rande wahr. Der Aufbruch der Jugend in Kalifornien hatte seine Fortsetzung in Europa gefunden und war nun auch bei uns angekommen. Die Freude darüber, dass die deutsche Jugend Teil einer internationalen Welle des Aufbruchs geworden war, blieb lange die einzige Empfindung.

Die Leiter der Planungsstäbe der NATO-Staaten trafen sich in der »Atlantischen Planungsgruppe« (APAG). In dieser Institution gab es keine Beschlüsse, sondern einen informellen und lockeren Meinungsaustausch. In Norwegen erörterten wir schon damals NATO-Reformen im Hinblick auf das Verhältnis der USA und Europas zur Sowjetunion, ein bis heute aktuelles Thema, was das Verhältnis zu Russland betrifft. In Washington bekräftigten wir die Selbstverständlichkeit, dass strategische Atomwaffen allein Sache der beiden Supermächte bleiben sollten und dass die substrategischen sowjetischen Mittelstreckenraketen von uns nicht zu berücksichtigen seien. Die Meinung der europäischen Partner, insbesondere in London und Paris, sei in dieser Frage ohne Relevanz, falls sie sich überhaupt zu einer einheitlichen Auffassung durchringen sollten. Das hatte ich nicht vergessen, als einige Jahre später der NATO-Doppelbeschluss diskutiert wurde.

Wo immer Außenminister Brandt hinkam, zwischen Japan, China und Amerika, wurde in den Kategorien von Macht, Einfluss und Interessen gedacht. Saudi-Arabien wurde zum Westen gezählt, obwohl es keine Demokratie war. Regierungen reden gern über Demokratie und Menschenrechte, aber denken und handeln machtpolitisch und geostrategisch. Man sollte sich da nichts vormachen.

Über unsere »geostrategische Rolle« erhielten wir im Oktober 1968 in New York eine kostenlose Lehrstunde. Der dpa-Korrespondent reichte mir einen Zettel: »Der sowjetische Presseoffizier sagte mir: If Mr. Brandt wants to talk to Mr. Gromyko, the answer will be positive.« Natürlich wollte Brandt. Die erste freundliche Begegnung der beiden Außenminister brachte ein verbales Geschenk: Die sowjetische Regierung werde den atomaren Nichtverbreitungsvertrag erst dann ratifizieren, wenn die Bundesregierung ihn unterschrieben habe. Die Information machte Brandt so viel Spaß, dass er scherzhaft meinte: »Ich bin neugierig, ob ich das von meiner Regierung noch vor der Wahl erfahre.« Die Union stritt noch immer über die Unterschrift.

Die erste Aufgabe als Sonderbotschafter hatte ich schon 1967 gelöst. Die Tschechoslowakei war das einzige europäische Land außer Albanien, in dem wir nicht diplomatisch vertreten waren. Wir vereinbarten Generalkonsulate mit diplomatischen Rechten unter praktischer Einbeziehung Berlins. Sie sollten am Außenhandelsministerium und nicht am Außenministerium »aufgehängt« werden, wo wir unsere Visa-Angelegenheiten »in der Praxis« erledigen könnten. Schwejk hätte es nicht besser regeln können. Danach flog ich nach Bukarest und traf dort Brandt, der mit Ceaușescu die Aufnahme diplomatischer Beziehungen besiegelte. Anschließend erlebten wir einen pompösen Palast am Schwarzen Meer mit einem ebensolchen Herrscher, der seinen Außenminister wie einen Bediensteten kommandierte.

Im April 1968 unterrichtete mich der Partner des Vorjahres vom Prager Frühling und von der erstaunlichen Autorität, die Alexander Dubček gewonnen hatte. Wir vereinbarten vertrauliche Besprechungen über das Münchner Abkommen von 1938. Ein zu schließender Vertrag müsse so formuliert werden, dass Tschechen und Deutsche wie auch die heimatvertriebenen Sudetendeutschen zufrieden damit leben, aber keine Ansprüche erheben konnten. Mein wirklich hochgeachteter Partner formulierte zum Abschied in Schwejk'scher Manier: »Der Wolf muss angefüttert, aber die Ziege darf nicht verzehrt werden.«

Mitte August kam eine kleine tschechoslowakische Delegation nach Bonn. Die Nachrichten aus Prag klangen so bedrohlich, dass ich die Sorge äußerte, ob Dubček die Lage übersehe. Die Erwiderung, sie verstünden die Russen besser als wir, entsprach den raschen Fortschritten unserer Verhandlungen, die den Durchbruch am nächsten Tag erwarten ließen. Es war die Nacht, in der die Warschauer-Pakt-Staaten in die ČSSR einmarschierten. Am nächsten Morgen, dem 21. August, verabschiedete sich die Delegation mit Tränen in den Augen und dankte Brandt für das, was wir hatten tun wollen.

Bundeskanzler Kiesinger nannte es »ein Glück, dass wir vor einem Jahr mit Prag abgeschlossen haben. Jetzt wäre das für lange Zeit unmöglich.« Außerdem entschied er, die Bundesregierung werde ihre Linie der Entspannung unverändert fortsetzen. Die knifflige Aufgabe, den Pelz zu waschen, ohne ihn nass zu machen, wurde erst fünf Jahre später gelöst, nach dem Moskauer, dem Warschauer und dem Grundlagenvertrag mit der DDR. Das Münchner Abkommen wurde für »nichtig« erklärt, ohne dass daraus tschechoslowakische Rechtsansprüche entstanden.

Schließlich flog ich ohne jede Öffentlichkeit nach Budapest. Dort traf ich den außenpolitischen Sekretär jener kommunistischen Partei, die 1956 an der Seite der sowjetischen Truppen den Aufstand niedergeschlagen hatte. Sein Name: Gyula Horn. Ich konnte ihm nahebringen, dass Ungarn gerade als das kleinste Land im »sozialistischen Lager« mutiger als andere sein könne. Heute sind wir befreundet. Nach dem Aufstieg zum Außenminister zerschnitt er mit seinem österreichischen Partner Alois Mock im Sommer 1989 den Stacheldraht des »Eisernen Vorhangs«, wurde als mein Nachfolger in den Aufsichtsrat des schwedischen Friedensforschungsinstituts (SIPRI) in Stockholm gewählt und schließlich 1990 mit dem Aachener Karlspreis ausgezeichnet.

Im Herbst 1968 fand in Genf eine große Konferenz der Nichtkernwaffen-Staaten statt. Brandt wollte der Bundesrepublik mit ihrem bedeutenden Potential der friedlichen Nutzung der Atomtechnik eine strategische Position verschaffen. Das Eintrittsgeld für diese koordinierende Rolle sollte die Ankündigung sein, Bonn würde den Nichtverbreitungsvertrag unterzeichnen, was intern schon beschlossen war. Ich erlebte seine Reaktion, als ihn Kiesinger per Fax anwies, den betreffenden Teil seiner Rede zu streichen. Brandt explodierte: »Wie komme ich dazu, mir von diesem alten Nazi Vorschriften machen zu lassen.« Es bedurfte großer Mühe nicht nur von mir, ihn vom sofortigen Rücktritt abzuhalten. Schließlich akzeptierte er das Argument, die Bevölkerung würde diesen Anlass nicht verstehen, zwölf Monate vor der Bundestagswahl. Aber der Vorfall bestärkte ihn in der grimmigen Entschlossenheit: »Ich werde auch bei nur einer Stimme Mehrheit versuchen, Kanzler zu werden.« Die anfängliche Empfindung, die Große Koalition sei politisch widernatürliche Unzucht, war nicht gelöscht.

Brandt fieberte dem Ende der Großen Koalition entgegen. Wehner und Schmidt fühlten sich mit ihr deutlich wohler. Noch vierzig Jahre später gibt es Stimmen, die behaupten, dass eine Fortsetzung damals eine Alternative gewesen wäre. Ich sage: Dann hätte es keine Entspannungspolitik und vielleicht keine Einheit gegeben.

Im dritten Wahlgang wurde Gustav Heinemann im März 1969 mit den Stimmen der FDP zum Bundespräsidenten gewählt. Das wurde allgemein als Vorspiel zum Machtwechsel empfunden. Aber sicher konnte man nicht sein. Nach einer Skatrunde mahnte »mein« Staatsoberhaupt, meinen Whisky zu quittieren, den »Bewirtungsnachweis für den Bundesrechnungshof«, wie er sein Gästebuch nannte. »Schade, dass Willy keinen Skat kann. Sage ihm, ich werde nicht unbedingt den Mann der stärksten Fraktion, sondern den zum Bundeskanzler vorschlagen, der eine Mehrheit bringen kann. Der Bundespräsident ist nicht dazu da, sich im Parlament einen Refus zu holen.«

Aus der Tätigkeit im Auswärtigen Amt nahm ich wichtige Erkenntnisse mit. Das AA macht keine Außenpolitik, sondern verwaltet sie. Das tut es gut bis vorzüglich nach den Weisungen seiner Spitze, auch dann, wenn diese Weisungen falsch sind, und in eigener Auslegung, solange neue Vorgaben fehlen.

In der Regel gibt es Spannungen unterschiedlichen Grades zwischen Außenministerium und Bundeskanzleramt. Die einen fühlen sich als die gutinformierten Wahrer der deutschen außenpolitischen Interessen, die anderen blicken auf das Fundament und die Quelle der innenpolitischen Macht, die Wahlen. In der »Direktorenrunde«, der täglichen Zusammenkunft der leitenden Mitarbeiter, hörte ich ziemlich laute Beschimpfungen über anmaßende Weisungen von ignoranten kleinen Lichtern im Kanzleramt. Höhere Beamte aus dem Auswärtigen Amt, die ins Kanzleramt abgeordnet waren, erzählten mir, erst dort hätten sie verstanden, dass es Innen- und Parteipolitik und sogar persönliche Interessen gibt, die in der Person an der Regierungsspitze zusammenlaufen. Das ist der Preis der Demokratie. Doch wenn Kanzler oder Kanzlerin den Machterhalt zur Priorität machen, ist das zwar legitim, aber schädlich für das Land.

Staatssekretär Duckwitz, der die »Morgenandacht« leitete, wie die Direktorenrunde intern genannt wurde, überreichte mir (in Bonn!) eine Farblithographie mit einem Berliner Motiv und verabschiedete mich mit folgenden Worten: »Sie werden nun als zuverlässiger Angehöriger unseres Hauses zur Arbeit hinter den feindlichen Linien entlassen.«

Der Sprung an die Spitze

Am Sonntag, den 28. September 1969, fällt die Hektik der vergangenen Wochen ab. Was getan werden konnte, ist getan. Ich bin sehr ruhig und finde Willy auf dem Venusberg – dort befand sich die Dienstvilla des Außenministers – allein spazieren gehen, gesammelt, ernst, locker, sehr zuversichtlich, nicht sicher, aber entschlossen. Es ist ganz selten, dass wir in persönlichen Gesprächen große Worte benutzen. Aber ich höre mich sagen: »Wenn es jetzt ernst wird, bist du nicht mehr eine Figur in der Geschichte, sondern machst sie. Und das ist nicht zu revidieren. Jeder Tag wird zählen. Du musst entscheiden und durchsetzen, was du für richtig hältst, und wirst in der Partei so stark wie nie sein.« Minuten verstreichen wortlos. Langes Schweigen ist im Gehen besser als im Sitzen zu ertragen. Dann entwickelt er seine personellen Vorstellungen für Kabinett und Fraktion und fragt nach meinen Wünschen. Es bleibe dabei, dass mich kein Titel, sondern allein ein Posten interessiere, von dem aus ich für unsere Außenpolitik wirken könne. Dann bittet er mich, die Telefonnummer von Scheel zu besorgen. Bei dem Anruf hört sich der FDP-Vorsitzende nicht mehr so optimistisch an wie noch wenige Tage zuvor im Fernsehen.

Im Parteihaus löst dann die erste Hochrechnung einen Schock aus. 47 Prozent für die CDU, 40 Prozent für die SPD. Die Erinnerung an den Vormittag: Wir haben uns lächerlich gemacht. Willy zieht sich zurück und will niemanden sehen. Ich wüsste auch nicht, was ich ihm sagen könnte. Ich fühle mich gelähmt. Auch der ehrlichste Freund ist in einem solchen Moment unfähig zu helfen. Nicht nur objektiv, weil nur Willy allein in diesem existentiellen Augenblick seines politischen Lebens entscheiden kann, sondern auch subjektiv: Um den notwendigen Abstand zu einer sachlich abgewogenen Position zu finden, würde ich mehr Zeit brauchen, als Willy zur Verfügung hat. Der Unterschied zu seiner Stärke wird deutlich. Ich bin nicht so robust. Diese Erkenntnis bleibt unvergesslich. Wir haben einen solchen Augenblick nicht mehr erlebt.

Die Erfahrung dieser Nacht bleibt lebendig. Da war die Elite der SPD versammelt. Gestandene, erfahrene, machtbewusste, intelligente Menschen. Einige überzeugt von ihrer Kanzlerfähigkeit, viele mit dem Willen zur Fortsetzung der Großen Koalition unter Kiesinger. Erschreckende Vorstellung: Unsere Entspannungs- und Ostpolitik wäre Planspiel geblieben.

Und dann, während die Fernsehbilder noch einen siegessicheren Kiesinger und einen triumphierenden Barzel zeigen und die Glückwünsche Nixons vermelden, tritt Brandt auf, der nach dem entscheidenden Telefonat mit Scheel den Zugriff auf die Macht verkündet, und alle folgen der charismatischen Führung. Nach dem extremen Auf und Ab der Gefühle entlädt sich die Freude in lachenden Umarmungen, als ob es gar nicht anders hätte kommen können.

Im Zimmer des neuen Bundeskanzlers wage ich unter vier Augen eine scheue Gratulation: »Nach der fast zehnjährigen Zusammenarbeit habe ich einen oft vergeblich ersehnten Willy Brandt kennengelernt. Und das tut gut.« Er nimmt es ohne Echo an. Wie selbstverständlich beginnt die neue Zusammenarbeit. Ich gebe ihm eine Analyse seiner Situation, die der des »president elect« in den USA entspricht. Wir haben in der Bundesrepublik dafür keine Erfahrung. »Du betrittst in den nächsten zwei Wochen eine Schneedecke, die noch ohne Spuren ist. Alle Erfahrungen in Amerika sprechen eindeutig dafür, dass der Künftige sich in dieser Zeit jeder öffentlichen Äußerung zu irgendeiner Sache mit irgendeiner Substanz enthält.« Außerdem lege ich ihm nahe, Kiesinger zu schreiben, »sich als im Urlaub befindlich zu betrachten«.

Dann müssen Briefe an andere Regierungschefs entworfen werden, die schon gratuliert haben, darunter an den »Vorsitzenden des Ministerrats der UdSSR«, den »Kollegen Kossygin«, wie ihn Brandt fröhlich nennt. Er bietet ihm »die Bereitschaft zu einem vertraulichen Meinungsaustausch zur Verbesserung der Beziehungen zwischen unseren Ländern« an.

Am nächsten Tag rufe ich Nixons Sicherheitsberater Henry Kissinger an. Der entschuldigt sich wiederholt. Man sei von der Nachrichtenlage ausgegangen, nach der Kiesinger sicher wiedergewählt sei. Weder beim Präsidenten noch bei der Administration gebe es eine Präferenz. Man freue sich auf die Zusammenarbeit mit einer Regierung Brandt. Ich zeige mich versöhnlich: Man solle die Geschichte vergessen. Kissinger kündigt an, er werde mich offiziell über das Außenministerium zu einem Besuch in Washington einladen. Brandt ist amüsiert. Es schade gar nichts, wenn die Weltmacht ein bisschen Schuldgefühle habe.

Auch den neuen Bundeskanzler bewacht nicht die Bundeswehr, sondern der Bundesgrenzschutz. Sein Musikcorps lässt nach dem Preußischen Präsentiermarsch die »Berliner Pflanze« folgen. Während Brandt die Front abschreitet, steif und mit erstarrtem Gesicht, fühle ich mich in der Ansicht bestätigt, dass ohne das Außenministerium der Sprung vom Schöneberger Rathaus ins Palais Schaumburg nicht geglückt wäre.

Gegen das Büro Hans Globkes, des umstrittenen Kanzleramtschefs Adenauers, das ich beziehe, ist nichts einzuwenden. Gesonderter Ausgang für Besucher, die am Sekretariat vorbeigehen sollen, eigene Toilette, eine Telefonverbindung zum Kanzler, die er mehr als ich benutzen wird, ein gesondertes Telefonsystem zu den Ministern und ein »normaler« Apparat. Das große Moltke-Gemälde von Lenbach beherrscht den Raum. Die rücksichtsvoll gemeinte Frage des Personals, ob ich es auszutauschen wünsche, erhält ein entschiedenes »Natürlich nicht«. Unnötiges öffentliches Gerede hat »der große Schweiger« für schädlich gehalten. Das gilt in der Demokratie erst recht. Auch Brandt ändert im Kanzlerbüro nichts. Er sitzt am Schreibtisch Adenauers, mit derselben Einrichtung einschließlich der Bilder. Er will in dieser Tradition wahrgenommen werden.

Auftakt in Washington

Die schnelle Einladung führte dazu, dass Kissinger noch vor Abgabe der Regierungserklärung eine offene und umfassende Darstellung der Ostpolitik der neuen Koalition erhielt. Es wurde ein spannender Probelauf, denn ohne die Rückendeckung, mindestens die Duldung der Amerikaner wäre dieser politische Richtungswechsel ein Abenteuer gewesen, ein unmögliches Risiko. Dass der Sicherheitsberater Nixons in einem kleinen Kellerraum des Weißen Hauses saß, hatte ich nicht erwartet. Henry war misstrauisch und stellte viele Fragen, aus denen Zweifel hervorgingen, ob die neuen Leute in Bonn die Dimension ihrer Absichten übersahen. Immerhin war es nicht alltäglich, dass die Deutschen wieder mit den Russen über die Köpfe der zwischen ihnen liegenden Länder hinweg verhandeln wollten. Als die Fragen nicht enden wollten, sagte ich ihm, ich sei nicht gekommen, um zu konsultieren, sondern um zu informieren. Wir würden unsere Pläne umsetzen. Das war eine neue Sprache.

Ohne das Vertrauen, das sich Brandt während der Berlin-Krise erworben hatte, und ohne die auch den Sowjets gewärtige Gewissheit, dass die USA stark genug blieben, uns zu überwachen, hätte Kissinger mich nicht darüber informiert, dass er einen Back channel zum Kreml unterhielt, an den Außenministern vorbei, und dass er bereit sei, einen solchen direkten Kanal auch zum Palais Schaumburg einzurichten. Ich nahm das Angebot sofort an. Etwas

Besseres konnte gar nicht passieren. Wir würden uns gegenseitig kontrollieren und dadurch Misstrauen abbauen. Ich erzählte ihm von Brandts Brief an Kossygin, der noch ohne Antwort sei. Er verabschiedete mich mit den Worten: »Ihr Erfolg wird unser Erfolg sein.« Brandt reagierte auf meinen begeisterten Bericht erleichtert und mit dem nie gehörten Lob: »Sehr gut.« Ich bin Kissinger bis heute dankbar. Ohne ihn hätte es unsere Entspannungspolitik so nicht gegeben.

Als neuer Bundesbevollmächtigter flog ich nach Berlin, wo alle Ministerien eine Dienststelle hatten, lernte, dass es in Berlin mehr Bundesbedienstete als in Bonn gab, und besichtigte meine »Residenz« in der Pücklerstraße, in der nach Adenauer nun auch Brandt übernachten konnte. Außerdem erwies sich das Haus als besonders geeignet für vertrauliche Zusammenkünfte aller Art, besonders mit dem amerikanischen Botschafter und seinem sowjetischen Kollegen, der für Berlin eigentlich keine Zuständigkeit hatte. Nach der Vereinigung wurde die Villa Wohnsitz des Bundespräsidenten.

In Bonn empfing ich den israelischen Botschafter Asher Ben-Nathan, der wie ein Bruder von Curd Jürgens aussah, was Figur, Augen- und Haarfarbe anging. Er wollte uns zum Wahlsieg beglückwünschen und äußerte, nun würde alles viel leichter werden. Dem musste ich widersprechen: Es würde schwieriger werden, denn hier säßen jetzt Menschen, die aus ihrer Vergangenheit nicht erpressbar wären, sondern sich befreit und nicht besiegt fühlten. Auf Basis dieser klaren Worte erwuchs eine gute Zusammenarbeit.

Inzwischen hatte der neue Außenminister Scheel das noch an die Große Koalition gerichtete Angebot der Sowjetunion angenommen, über einen Gewaltverzicht zu sprechen. Von Paul Frank, dem späteren Staatssekretär im Auswärtigen Amt, hatte ich gelernt, vor wichtigen Missionen empfehle es sich, die Richtlinien dafür selbst zu schreiben, um unerfüllbare Anforderungen zu vermeiden. Für mich erübrigte sich dieser gute Rat; Scheel hielt Richtlinien für unnötig, weil ich sowieso alles im Kopf hätte. Brandt und Scheel gaben mir also den Auftrag, ohne Instruktionen beim sowjetischen Außenminister Gromyko zu sondieren, ob die Konzeption der neuen Bundesregierung realisierbar wäre.

Meine Moskau-Reise hatte eine Ouvertüre. Nur ungern hatte ich auf Drängen von Regierungssprecher Conrad Ahlers einem sowjetischen Journalisten einen Termin gegeben, den letzten nach dem Aufräumen des Schreibtischs am Heiligen Abend. Ich lernte Waleri Lednew kennen, korpulent und glatzköpfig, der mich nach einigen läppischen Fragen elektrisierte, weil er sich auf Brandts Brief an Kossygin bezog. Seine Botschaft: Die sowjetische Seite sei bereit zu einem vertraulichen Meinungsaustausch. Nur fünf Mitglieder des Politbüros wüssten von seinem Auftrag. Die sowjetische Botschaft in Bonn bleibe ohne Kenntnis. Ich bedankte mich und informierte ihn, dass ich Ende Januar nach Moskau käme. Er kündigte an, dort den vertraulichen Kontakt aufzunehmen.

Das Schmücken des Weihnachtsbaumes musste warten. Ich rief Brandt an. Er dankte (was selten war) für dieses schöne Weihnachtsgeschenk und informierte Kissinger über unseren Kanal. Jetzt brauchten wir uns keine Gedanken mehr über eine Antwort Heinemanns an Ulbricht zu machen. Der hatte, um Brandts Regierungserklärung zu unterlaufen, dem Bundespräsidenten einen indiskutablen Vertragsvorschlag übermittelt, der nun unbeantwortet blieb. Ulbricht konnte unseren Kontakt mit Moskau nicht mehr verhindern.

Am 14. Januar 1970, zwei Wochen vor meinem Aufbruch nach Moskau, erstattete Brandt seinen ersten »Bericht zur Lage der Nation«. Darin bezeichnete er den Gewaltverzicht, da »das deutsche Volk in seiner Gesamtheit in absehbarer Zeit nicht auf einen Friedensvertrag hoffen kann«, als »die Basis für die Regelung der heute lösbaren politischen Fragen mit den verschiedenen Staaten Osteuropas«. Mit anderen Worten: Unser Konzept sollte für die gesamte unüberschaubare Zeit bis zu einem Friedensvertrag unsere Beziehungen zu Osteuropa umfassend regeln. Das wurde damals in der Bundesrepublik nicht thematisiert, aber in der Sowjetunion mit Sicherheit sorgfältig analysiert. Außerdem hatte die Bundesregierung inzwischen den Nichtverbreitungsvertrag unterzeichnet, was Gromyko an seine Begegnung mit Brandt in New York erinnert haben dürfte.

TEIL 3 – TRIUMPH UND TRAGIK

In Moskau

Botschafter Helmut Allardt begrüßte mich ziemlich zugeknöpft, verständlich, wenn ihm ein Mann, der noch nie in Moskau gewesen war, vor die Nase gesetzt wird. Es begann mit einem Missklang. Er hielt es für einen »Affront«, dass nur ein kleiner Protokollbeamter des Außenministeriums gekommen war, was »man die Sowjets schon erkennen lassen sollte«. Aber ich entschied selbst, wann ich mich unterbewertet fühlte.

Allardt erbot sich, einen mitgebrachten Cellokasten zu tragen, in der Annahme, etwas so Ausgefallenes könne nur dem Leiter der Delegation eingefallen sein. Stattdessen entpuppte sich der Cellokasten, in meiner Hotelsuite abgestellt, als unverhofftes Geschenk des Herrn von Tresckow aus der Rechtsabteilung des Auswärtigen Amtes: eine veritable, mit Whisky und den notwendigen Gläsern ausgestattete Hausbar.

Während meiner kurzen Erklärung für das deutsche Fernsehen bekam ich einen Zettel in die auf dem Rücken verschränkten Hände gedrückt, mit dem Lednew seinen Anruf im Hotel ankündigte. Unsere Delegation war im 28. Stockwerk des Hotels Ukraina untergebracht. Der imposante Blick über das Lichtermeer reichte bis zu den angestrahlten goldenen Kreml-Kuppeln. Wie viele Schicksale toter und lebender Landsleute hatten sich in dieser Stadt entschieden! Wie ich sie verlassen würde, war ein durchaus bedrückender Gedanke. Erst viel später empfand ich, was Heinrich Albertz in seinen Memoiren ausgedrückt hat: »Von Brandt gedeckt, aber eben doch allein«, marschierte ich »vor der Front der offiziellen Politik«.

Lednew meldete sich. Im Hotelrestaurant steuerte er auf einen kleinen Tisch in der Mitte zu und warnte: »Nie an Ecken oder Säulen sitzen. Da wird abgehört.« Das konnte nur bedeuten: Der kommt nicht vom KGB. Leo, wie wir ihn bald nannten, teilte mit, die Botschaft werde morgen unterrichtet, dass Gromyko mich übermorgen empfängt. Leo erwies sich als ein der deutschen Literatur zutiefst verbundener Mensch, überzeugt, an einem neuen Verhältnis zwischen unseren Ländern mitwirken zu dürfen – zuverlässig, gradlinig und loyal.

Die Ministeretage befand sich – wie in Washington – im siebten Stock des Außenministeriums. Auf jeder Seite des Tisches saßen acht Personen. Gromyko kam als Letzter und begrüßte mich als Bekannten aus New York. Dann gab er, eine für ihn bequeme Höflichkeit, dem Gast das Wort. Ich referierte frei, aber anhand von Notizen, über die gesamte Konzeption unserer geplanten Ostpolitik. Wir durften nicht mit zwei Zungen sprechen, wenn Vertrauen entstehen sollte. Unsere Botschaftsleute notierten wie die Russen eifrig mit, denn auch sie hörten das zum ersten Mal. Nach einer halben Stunde antwortete Gromyko fast ebenso lang und war erstaunt, dass ich sofort auf seine kritischen Fragen antwortete. Die Diskussion dauerte drei Stunden.

Das Echo von Leo: Gromyko hatte Breschnew sechs Stunden lang berichtet. Wie es weitergehen solle, sei noch nicht entschieden. Die Perspektiven seien noch unklar. Er fragte, ob ich Professor Georgi Arbatow kennenlernen wolle, den Leiter des Amerika-Kanada-Instituts. Ich wollte. Erst zwanzig Jahre später erfuhr ich von ihm, dass der damalige Chef des KGB, Juri Andropow, ihn beauftragt hatte, mir auf den Zahn zu fühlen. Gleiches galt für die offizielle Verhandlungsebene. Bei dem zweiten Gespräch saß Wladimir Semjonow, der frühere Hochkommissar in Deutschland, neben Gromyko. Seine Beurteilung des Staatssekretärs aus Bonn sollte diejenige von Valentin Falin ergänzen, dem harten Brocken, der für Deutschland zuständig, aber noch nie in Deutschland gewesen war. Wir sprachen wieder drei Stunden lang; das wurde dann zweimal wöchentlich unser Pensum. Plötzlich registrierte ich einen kleinen Fehler: Gromyko kannte die Implikationen der Artikel 53 und 107 der UN-Charta für Deutschland nicht. Weil ich ihn nicht blamieren durfte, korrigierte ich ihn milde, verbunden mit Komplimenten für sein berühmtes Gedächtnis. Semjonow und Falin lächelten genießerisch, während Gromyko, der große Könner, sich die Korrektur ganz unbewegt zu eigen machte. Ich erfuhr, was innerliche Entspannung bedeutet.

Leo machte mich mit »Slawa« bekannt. Breitschultrig, schwer, mit eisernem Händedruck und großen dunklen

Augen. Den Nachnamen erfuhr ich nicht. Er führte das Wort, war also übergeordnet, was mich später gegenüber Brandt vermuten ließ, beide gehörten wohl dem Apparat des Generalsekretärs an, seien jedenfalls Gromyko übergeordnet. Wir aßen im Journalistenclub, in dem schon Gorki gezecht hatte, als Slawa bemerkte, er habe Waleri so verstanden, dass ich den Wunsch geäußert hätte, Kossygin zu sprechen. Nach der Erfahrung in New York reagierte ich sofort: Das habe er richtig verstanden. »Dann werden wir das versuchen.«

Bei einem Abendspaziergang überboten sich Slawa und Leo mit Komplimenten. Drei Stunden hätte das Politbüro beraten, ob Kossygin mich empfangen solle. Zum ersten Mal seit Jahrzehnten hätte man seriös über die deutschen Dinge gesprochen. Am nächsten Morgen in der Botschaft warf niemand die Frage auf, wie die Einladung von Kossygin zu erklären sei. Am Nachmittag berichtete Leo von Komplikationen: »Der Mann mit dem Bart hat angerufen.« Fast hysterisch habe Ulbricht reagiert, als ihm mitgeteilt worden sei, dass Kossygin mich sehen wolle. »Es stand auf des Messers Schneide, aber es bleibt dabei.«

Während die sowjetische Seite vielleicht nervös geworden war, weil sie keinerlei Weisungen aus Bonn an mich abhören, entschlüsseln oder aufdecken konnte, war ich wirklich nervös: Auf keinen unserer zahlreichen Berichte hatten wir irgendein Echo erhalten, keine Rückfragen, keine Hinweise, keine Empfehlungen. Deshalb war ich gespannt, als ich hörte, dass Scheel auf dem Weg nach Indien in Moskau zwischenlanden würde. Eine

Gruppe sowjetischer Diplomaten, von Semjonow angeführt, bat den deutschen Außenminister zu einem ausgedehnten, fröhlichen Imbiss. Semjonow hatte angeordnet, dass die Maschine der Air India so lange Maschinenschaden habe, wie der Imbiss mit dem Gast dauere. Eine interessante Machtdemonstration. Meine besorgte Frage beantwortete Scheel: »Solange wir nichts von uns hören lassen, ist alles in Ordnung. Machen Sie einfach weiter.«
In der Nacht fand ich nur wenig Schlaf, weil ich mich auf das Treffen mit Kossygin vorbereiten musste. Es würde über Scheitern oder Gelingen der Mission entscheiden.

Am nächsten Morgen Fahrt in den Kreml. Der Mercedes hielt vor einem unscheinbaren Eingang. Ein Protokollmensch begrüßte auf Deutsch. Ein Gardeoffizier salutierte wortlos und winkte in einen Fahrstuhl. Oben schritt er gravitätisch durch einen langen Flur, ich folgte ihm. Kein Laut zu hören, kein Mensch zu sehen. Der Offizier öffnete eine Tür; der Protokollmensch murmelte etwas von Stalins Arbeitszimmer. Eine hohe Doppeltür wurde geöffnet. Kossygin kam mir wenige Schritte entgegen, reichte mir die Hand, winkte mich an einen langen Tisch, an dessen Ende sein Schreibtisch stand, und setzte sich mir gegenüber, mit dem Rücken zum Fenster. Sein Dolmetscher übersetzte die Begrüßung: »Ich höre.«

Es wurde der schwierigste und unangenehmste Monolog meines Lebens, ehe es zu einer Art Gespräch kam. Sein Gesicht blieb starr, die blauen Augen eisig. Ich überbrachte Grüße des Bundeskanzlers und trug das deutsche Konzept des Gewaltverzichts vor. Nach einer Viertelstunde ohne jede Reaktion wurde ich schärfer, ohne dass mein Gegenüber sich regte, um schließlich fast provozierend zu sagen: »Schweigen genügt nicht.« Das konnte er auf sich beziehen oder auch auf seinen Außenminister. In den Gesprächen mit Gromyko hatte sich unsere Position, dass dem deutschen Volk langfristig nicht die Aussicht auf staatliche Einheit verbaut werden dürfe, als großes Hindernis herausgestellt. Als Realisten wüssten wir, fuhr ich fort, dass ihm Ulbricht näher stünde als Brandt. Auf beiden Seiten dürfe kein Misstrauen zwischen Verbündeten aufkommen.

Endlich antwortete er, dass über langfristige Ziele jetzt nicht zu sprechen sei. »Wir rasseln nicht mit dem Säbel«, aber der neue Verteidigungsminister in Bonn wolle die Stärke der Bundeswehr weiter erhöhen. Andere Kräfte seien interessiert, dass die Bundesrepublik einen Schild gegen die Sowjetunion bilde. Ich erwiderte, wir hielten uns verlässlich an die dem Bündnis zugesagte Höchststärke von 495 000 Mann, seien aber bereit, das gesamte schwere Brückenbaugerät zu reduzieren. Da in unserem Teil Europas die Flüsse von Süden nach Norden fließen, wäre das ein Beweis unserer rein defensiven Haltung. So war es zwischen Brandt und dem Verteidigungsminister Georg Leber besprochen. Wir würden auch alle Feldlazarette abschaffen, die nur für offensive Absichten unerlässlich seien. Das haben die sowjetischen Militärexperten dann bestätigt. Tatsächlich erreichte die Bundeswehr ausgerechnet zu Beginn unserer Entspannungspolitik die höchste Mannschaftsstärke überhaupt, ohne dass dies Folgen hatte.

Kossygin monierte, dass in der Bundesrepublik immer

noch die Wiederherstellung der deutschen Einheit in den Grenzen des Jahres 1937 gefordert werde; wer so denke, könne Krieg nicht ausschließen. Ich verwies auf Brandts Regierungserklärung, die einen Gewaltverzicht für alle Staaten in ihren jetzigen Grenzen anstrebe, konnte ihm aber nicht den Rat ersparen: »Seien Sie misstrauisch gegen jeden, der behauptet, die Deutschen hätten sich mit der Teilung abgefunden; der ist ein Dummkopf oder ein Lügner.«

Kossygin erklärte sich dann zur Fortsetzung des strikt vertraulichen Meinungsaustauschs mit dem Bundeskanzler bereit und fragte, ob ich Parteikontakte für nützlich halten würde. Da die Partei in seinem Land den Staat lenke, könne das beiden Seiten zugutekommen. Das war der Übergang zu ideologischen Fragen, die bei Gromyko keine Rolle gespielt hatten. Ich konnte ihn beruhigen: Wir sprächen nur von friedlicher Koexistenz; ideologische Koexistenz sei für beide Länder schädlich und für beide Parteien Gift. Jedenfalls war es der Sowjetunion immer leichter gefallen, mit bürgerlichen Parteien zusammenzuarbeiten. Wie sie es mit der neuen Realität einer sozialdemokratischen Bundesregierung halten würde, versuchten wir gerade festzustellen.

Endlich lockerte sich mein Gegenüber und begann von den wirtschaftlichen Problemen seines Landes zu sprechen. Unsere Zusammenarbeit sei nur von relativer Bedeutung angesichts der ungleichen Größenordnungen. Kossygin war in Wahrheit der Generaldirektor des größten Betriebes der Welt, genannt Sowjetunion, aber bestimmt kein politischer Verhandlungspartner für Willy

Brandt. Zum Schluss fragte er, ob ich sonst noch etwas vorzubringen hätte. Ich bat, Ausreisewünsche in besonders schwierigen Fällen wohlwollend zu prüfen. »Wie viele sind das?« Ich griff eine Zahl aus der Luft: »Zweiundsechzig.« »Geben Sie die Liste Falin.« Aus den zweiundsechzig »Fällen« wurden dann 196 Personen – Alte, Junge, vergessene Kriegsgefangene, Ostpreußen, viele schon mehrfach abgewiesen. Trotz der Zweifel in der Botschaft wurde für die Liste hart gearbeitet. Falin erhielt sie vor meinem Abflug, und einen Monat später sah ich 196 glückliche Menschen im Garten der Botschaft. Wir hüteten uns vor jedem öffentlichen Triumph. Unser Kredit sollte erhalten bleiben.

Dann kam Ulbricht selbst nach Moskau. Um alle Komplikationen zu vermeiden, lud Gromyko meinen wichtigsten Mitarbeiter Carl-Werner Sanne und mich zu einem Besuch nach Leningrad ein. In einem Expresszug, der schön langsam fuhr, um nicht vor dem nächsten Morgen anzukommen, erzählte unser Begleiter Leo, Kossygin hätte positiv über unser Gespräch berichtet, auch weil ich vieles gesagt hätte, was gar nicht gefiel. »Sie ahnen nicht, was in der Führungsgruppe stattfindet. Sie müssen uns Zeit geben. Wir haben es schwerer als Sie. Wir haben unsere Verbündeten. Die Deutsche Frage ist kompliziert.« Das hatte schon Arbatow gesagt. Praktisch verlangte unsere Position eine Neuorientierung der sowjetischen Politik. Moskau war darauf viel weniger vorbereitet, als ich vorausgesetzt hatte. Meine ursprüngliche Annahme, in zwei Wochen im Prinzip klären zu können, ob unser Konzept tragfähig wäre, war völlig irreal. Wie lange es dauern würde, den Riesentanker Sowjetunion umzulenken, entzog sich jeder zeitlichen Prognose.

Slawa und Leo verdankte ich die Einsicht: Das sowjetische System war gar nicht geschlossen, sondern nur verschlossen. Die öffentliche Meinung im Westen bereitete in der Regel Entscheidungen vor, die kaum noch überraschend waren, wenn sie verkündet wurden. Ein solcher Prozess kam uns langsam vor. In Moskau dauerte er viel länger. Auch dort gab es Pluralismus: unterschiedliche Meinungen und Interessen zwischen den Apparaten der Politik, des Militärs, des Geheimdienstes, der Verwaltung und zwischen Personen. Es funktionierte nicht nach dem Prinzip Befehl und Gehorsam. Das kam uns nur so vor, weil der innere Entscheidungsprozess geheim gehalten und wichtige Entscheidungen gern am Wochenende bekanntgegeben wurden. Der Vorteil: Sie überraschten; der Nachteil: Sie schürten den Ruf der Unheimlichkeit und Unberechenbarkeit. Relikte sowjetischer Mentalität sind bis heute erkennbar.

Slawa und Leo machten ihr System für uns durchsichtiger. Die inneren Prozesse wurden erkennbar, zum Teil einschätzbar und öffneten sogar Möglichkeiten der Beeinflussung. Sie handelten als Patrioten in der Überzeugung, dass Amerika als einziger Orientierungspunkt sowjetischer Außenpolitik nicht reiche; dass Europa und Deutschland unverzichtbar werden würden. In den folgenden Jahrzehnten haben sie uns niemals falsch informiert. Es kam vor, dass sie etwas nicht wussten oder sagen durften, aber auf ihr Wort war immer Verlass. Das hat Vertrauen geschaffen, von Brandt und Schmidt bis zu Kohl.

Die überwältigenden Eindrücke der Leningrader Eremitage konnten die Bedrückung über die Verhungerten, die Getöteten, die Erfrorenen nicht löschen. Der Friedhof für eine Million Menschen ist unvergesslich. Daran konnten weder das imposante Gebäude des Smolny noch die anderen Geburtsstätten der großen Oktoberrevolution etwas ändern. Die Trauer um zwanzig Millionen sowjetische Opfer verlangte von Seiten der sowjetischen Führung eine überzeugende Begründung für eine neue Politik gegenüber den Deutschen. Valentin Falin hatte alle Angehörigen in Leningrad verloren und sich unserer Geschichte und Sprache zugewandt, um zu begreifen, wie ein großes Kulturvolk so barbarisch handeln konnte. Er wurde mein Partner in längeren und intensiveren Gesprächen als mit Gromyko.

Grenzen akzeptieren –
Grenzen überwinden

Gromyko ließ von allem Anfang an nichts an Klarheit zu wünschen übrig: »Solange wir uns nicht über die Grenzen geeinigt haben, haben wir uns über nichts geeinigt.« Damit waren auch die Grenzen seiner Verbündeten gemeint. Das von vielen europäischen Nachbarstaaten gefürchtete deutsch-russische Gespräch über ihre Köpfe hinweg war unvermeidbar, weil nur Moskau entscheidungsfähig und gesprächsbereit war. Ich hatte schon deshalb nichts dagegen, weil so der Zeitbedarf abgekürzt wurde, vor allem aber, weil die unbestrittene Führungsmacht des Ostblocks für die erhofften Ergebnisse unserer Politik verantwortlich eingebunden werden musste.

Unter dem Kernkomplex »Grenzen« rangierten fast alle Verhandlungsergebnisse mit Moskau. Stunden, Tage und Wochen haben Falin und ich unter vier Augen Vokabeln gesucht und verworfen. Unbezweifelbar war das sowjetische Interesse, die Grenzen unveränderbar, unangreifbar zu machen. Gerade der unantastbare Status quo aber war für uns unannehmbar. Nach dem Grundgesetz und unserer Überzeugung musste Deutschland die Chance der Vereinigung behalten. Deutsche Selbstbestimmung musste erhalten, die Deutsche Frage insofern offen bleiben. So entstand schon während der ersten Verhandlungsrunde die Idee zu einem Brief, den ich mit Sanne ausarbeitete und den die sowjetische Seite unwidersprochen annehmen sollte, wonach friedliche Selbstbestimmung für alle Deutschen unserem Vertrag nicht widerspreche. Wir fanden endlich die Vokabel »unverletzlich«, was Veränderungen im gegenseitigen Einvernehmen ermöglichte, zumal der später so genannte »Brief zur Deutschen Einheit« hinzukam.

Der Begriff »unverletzlich« trug bis zur KSZE-Schlussakte von Helsinki fünf Jahre später. Alle nahmen ihn an: die Staaten der NATO (auch die USA), des Warschauer Paktes und auch die Neutralen, weil alle überzeugt waren, ohne es auszusprechen, dass damit die deutschen Querelen ausgestanden wären. Eine einvernehmliche, friedliche Aufhebung der Grenze zwischen den beiden deutschen Staaten konnte sich keiner vorstellen. Allein die Bundesregierung sah Helsinki als Beginn eines Prozesses, an dessen Ende die Vereinigung stehen würde.

Der zweite Komplex hing mit den Grenzen unserer Kompetenz zusammen. Beide deutschen Staaten waren nicht souverän. Die unkündbaren Siegerrechte über Deutschland als Ganzes lagen bei den Vier Mächten. Mein plausibles Argument, es könne nicht das Interesse der Sowjetunion sein, ihre Mitbestimmung über Deutschland an Ulbricht zu übertragen, schon gar nicht durch einen separaten Friedensvertrag mit der DDR, nahm Gromyko an, ohne es zu bestätigen. Ein Friedensvertrag der Sowjetunion mit der DDR, der seit Chruschtschows Ultimatum von 1958 im Raum gestanden hatte, war damit vom Tisch.

Berlin war komplizierter. Dort hatte Bonn überhaupt keine Kompetenz, aber vitale Interessen. Über Berlin wollte ich sprechen, aber nichts vereinbaren. Als Gromyko das realisierte, änderte er seine Position, wollte über Berlin nur noch mit den Westmächten reden und stellte damit die Aufgabe, wie die Bundesrepublik, die nicht am Tisch des Kontrollrats in Berlin sitzen durfte, dennoch die Verhandlungen mitbestimmen könnte.

Die informelle Ebene informierte, dass DDR-Ministerpräsident Willi Stoph dem Bundeskanzler ein Treffen vorgeschlagen hatte, ohne Moskau zu konsultieren. Sie erfuhr über mich früher als durch Ostberlin, dass Brandt das Treffen vorbereiten ließ. Ich blieb in Moskau, denn der Nachweis unserer Aufrichtigkeit gegenüber Moskau war wichtiger als meine Teilnahme in Erfurt. Über eine verschlüsselte Standleitung erhielt Moskau aus Bonn schneller, korrekter und ausführlicher als aus Ostberlin Bericht über den für die DDR nicht angenehmen Ablauf der Ereignisse in Erfurt mit dem Durchbrechen der Absperrungen. Die abwiegelnde Handbewegung Brandts am Erfurter Hotelfenster gegenüber den »Willy«-Rufern wurde registriert. Leo: »Was immer man über die DDR denkt, wenn die absperren wollen, können sie das.«

Das erste Treffen der beiden deutschen Regierungschefs war eine Nachricht. Aber überzeugender waren die Bilder aus Erfurt. Sie zeigten, für viele in Ost und West überraschend: Wenn man die Deutschen lässt, wollen sie sich vereinigen. In der Substanz konnte in Erfurt nichts entschieden werden, solange wir in Moskau nichts entschieden hatten.

Dort formulierten wir das Ergebnis unserer Arbeit in zehn Punkten. Ich muss »wir« sagen, denn es war eine

Gemeinschaftsarbeit. Gromyko, Falin und ich waren die Autoren. Dass das Dokument später »Bahr-Papier« genannt wurde, war irreführend und ungerecht, denn Falins Anteil an der einfachen und ziselierten Sprache war unentbehrlich. Bevor wir das Papier unseren Regierungen mit der Empfehlung vorlegen konnten, nun mit Verhandlungen zu beginnen, quälte mich Gromyko. Obwohl die Texte schon abgestimmt waren, stellte er in Aussicht, den Brief zur Deutschen Einheit anzunehmen, falls die Grenzformel »unverletzlich« etwas schärfer gefasst würde. Damit hatte er den Bogen überspannt. In einem persönlichen Brief teilte ich ihm »meine feste Überzeugung« mit, dass es bei den Texten bleiben müsse, die »den Zielen und den Interessen unserer beiden Regierungen« entsprächen. »Ich kann und werde nach den in stundenlangen Diskussionen gemachten Erfahrungen auch meiner Regierung gegenüber keinen anderen Standpunkt vertreten.« Erst danach informierte ich Scheel von meinem Alleingang.

Am nächsten Morgen erschien Falin und fragte, ob mein Brief auch die Meinung der Bundesregierung sei. Er hatte den entscheidenden Punkt getroffen. Ich log: »Ja.« Nach einer Weile stieß Gromyko hinzu: Er habe vor der letzten Sitzung keine Zeit gefunden, den von Falin und mir ausgearbeiteten Text zu prüfen. Inzwischen habe er ihn gelesen und könne ihm zustimmen. Ohne meine riesige Erleichterung zu zeigen, kündigte ich meinen positiven Bericht in Bonn an. In der Botschaft gratulierte Allardt mit Champagner. Dann traf ein Telegramm des Außenministers ein: Er billige den Brief an Gromyko und meine Haltung. Damit war die Lüge aus der Welt. Ich habe Scheel dieses Telegramm nie vergessen.

In Bonn gratulierten die Verbündeten zu unserem erfolgreichen Durchbruch. Die zehn Punkte waren allen zugegangen. Aber nichts war in trockenen Tüchern; solange sie nur auf Papier standen, waren sie für Moskau nicht bindend. Die Verhandlungen in Warschau, die Duckwitz führte, schleppten sich dahin. Sogar Allardt drängte jetzt: »Das Eisen schmieden, solange es heiß ist.« Scheel hatte schon die Flugtickets nach Moskau gebucht, da stellte Genscher als Verfassungsminister noch Prüfungsbedarf fest. Es wurmte Brandt, dass bei Verfassungsfragen die Richtlinienkompetenz nicht greift. Er muffelte: »Das muss nun Sir Walter mit seinem Parteifreund regeln.«

Es war peinlich, dass Bonn den vorgeschlagenen und von Moskau angenommenen Termin absagen musste. Scheel hatte sich nicht durchgesetzt, und die Klarstellung des Bundeskanzlers in der Kabinettssitzung, der Termin für die angekündigte Reise des Außenministers nach Moskau habe seine Zustimmung gefunden, nützte auch nichts. Genscher wollte einen Punkt gewinnen, und ich sagte Brandt, das könne sogar möglich sein. Mitte Juni wurden die zehn Punkte dann im Wortlaut in der Illustrierten *Quick* veröffentlicht. Die Quelle der Indiskretion ist bis heute unbekannt. Das änderte die Lage. Nach der Ankunft Scheels in Moskau Ende Juli erklärte Gromyko: Weil die zehn Punkte trotz vereinbarter Vertraulichkeit veröffentlicht wurden, sei der Text für die Sowjetunion nicht mehr verhandelbar. Für zwei Wochen liefen sich die Verhandlungen der beiden Außenminister fest.

Plötzlich meldete sich Leo. Scheel reagierte sofort: »Nun wird alles gut.« Nach zwei Besprechungen mit Falin und Slawa brachten wir die Kuh vom Eis. Durch eine sprachliche Verknüpfung zwischen den Artikeln 2 und 3 wurde ein Zusammenhang zwischen »Grenzrespektierung« und »Gewaltverzicht« hergestellt. Ich unterrichtete Brandt in einem persönlichen Brief auch von dem Ergebnis, »dass das Politbüro dies in der letzten Nacht akzeptiert hat«. Ich weiß nicht mehr, ob Gromyko oder Scheel auf einem Spaziergang dem anderen die Formel vorgeschlagen hat. Sie fand jedenfalls die Gnade beider Außenminister. Nach einigen Komplikationen durch die drei Westmächte, die versuchten, durch uns etwas zu erreichen, was sie selbst nicht erreicht hatten, entschied Scheel souverän, dass wir uns nicht aufhalten lassen, und vereinbarte die Paraphierung. Am Vorabend wurden Sanne und ich in die Zwei-Zimmer-Wohnung Leos eingeladen und von seiner Frau Lydia mit Blinis bewirtet. Er sagte: »Ich weiß ja nicht, ob Sie die Wiedervereinigung je erreichen werden, aber wenn, dann machen Sie morgen den ersten Schritt dazu.«

*

Der erste Besuch des Bundeskanzlers in Washington war ein rauschender Erfolg. Im Hubschrauber nach Camp David, Vortrag des CIA-Chefs über die Fähigkeit, aus dem Weltraum zu fotografieren. Die Überschrift der *Prawda* in der Schlange vor dem Lenin-Mausoleum war lesbar. Wir wurden feudal im Blair House, dem offiziellen Gästehaus des Präsidenten, untergebracht. Endlich allein, fing Willy an, über Nixons Charakter zu lästern und mir zu sagen, wie unsympathisch der Mann sei. Ich warnte ihn: »Hier wird bestimmt abgehört.« Er rief mich zur Ordnung: »Wir sind hier nicht in Moskau.« Am nächsten Abend beim großen Empfang im Weißen Haus fühlten wir uns unter Freunden, nicht weil Nixon mich Brandts Kissinger nannte, sondern weil es keine Andeutung gab, unsere Ostpolitik zu kritisieren oder zu bremsen. Der Erfolg hieß herzliches Einvernehmen.

Viel später erfuhr ich von Kissinger: Natürlich waren wir abgehört worden. Nixon habe reagiert, Brandt sei ihm unsympathisch, außerdem ein Trinker. Schlimmer noch: Henry hatte zugestimmt! Er bat später um mein Verständnis und gestand, es sei sehr viel nötig gewesen, um seinen Einfluss auf den komplizierten Nixon zu erhalten. Ich musste nichts Vergleichbares erleben.

*

Zur Ankunft des Bundeskanzlers kamen Kossygin und Gromyko zum Flughafen. Die Nationalhymne in Moskau zu hören, ließ wohlig erschauern. Die Fahrt zum Kreml machte Eindruck. Der Verkehr wurde gestoppt. Die Ampeln standen auf grün, so dass die Fahrt nicht unterbrochen werden musste. Der Freund nahm meine Hand und drückte sie lange ganz fest. Während seine Gedanken nach innen gerichtet waren, ging der Blick scheinbar leblos nach vorn. Das Protokoll des Kreml ließ die Türen auf beiden Seiten des Saales im selben Augenblick aufgehen, damit Brandt und Breschnew gleichzeitig eintreten und sich begrüßen konnten. Gromyko stellte mich Breschnew vor, der zusah, wie die beiden Regierungschefs und ihre Außenminister den Vertrag unterzeichneten.

Das persönliche Gespräch zwischen Generalsekretär und Kanzler dauerte vier Stunden. Das Ergebnis der in Wahrheit vier langen Monologe: Beide gewannen das Gefühl, mehr Zeit zu brauchen, und blieben neugierig aufeinander. Brandt fand das Verständnis des anderen Parteiführers, dass er seinen Berliner Landesverband nicht zu einer selbständigen Partei machen konnte. Das war das Ende der sowjetischen Politik einer »Selbständigen politischen Einheit Westberlin«. Schließlich vereinbarten beide ein jährliches Treffen und beschlossen einen vertraulichen »Kanal« zwischen ihnen, vergleichbar dem Back channel nach Washington. Ich erhielt Telefonnummern und konnte Leo nach Bonn bestellen. Scheel und Genscher ließen ihm ohne Rückfragen ein Jahresvisum ausstellen. Slawa durfte nur bis nach Berlin, das visumfrei aus der ganzen Welt besucht werden konnte. Nicht nur für die spätere Berlin-Regelung wurden beide unentbehrlich.

Für Breschnew war Brandt der erste westliche Staatsmann, dem er begegnete. Er gewann Spaß an den verlässlichen Informationen, die er nicht über seinen Außenminister erhielt. Die Chemie zwischen beiden stimmte. Sie liebten Wein, Weib und Gesang, und auf Mahnungen der Ärzte, kürzer zu treten, hätten beide bestimmt beschlossen, das Singen einzustellen.

Im Laufe der Jahre bekamen beide Kanäle, der nach Washington und der nach Moskau, einen institutionellen Charakter. Nicht nur auf höchster Ebene wurden Briefe ausgetauscht, sondern auch auf der Ebene der Mitarbeiter. So kamen sowohl aus Washington als auch aus Moskau Warnungen vor Attentaten, oder ich erbat eine Antwort auf die informelle israelische Anfrage nach diplomatischen Beziehungen zu Moskau, die durch Breschnew gar nicht gegeben werden sollte.

Brandt empfand eine Sympathie für Breschnew, die er zu Nixon nie entwickelte. Ohne die Neigung zu Brandt hätte Breschnew in der späteren Entwicklung nicht Ulbricht und dann Honecker beschwindelt. Breschnew erhielt Einsichten, die keiner seiner Dienste ihm verschaffen konnte. Beide Hauptstädte waren sicher, wo Bonn stand. Das Vertrauen in die Person Willy Brandts ließ beide Kanäle blühen. Zu Washington entwickelte sich eine Intensität des Austauschs, die später kaum wieder erreicht wurde. Zu Moskau blieb das Verhältnis ungetrübt, solange Brandt und Breschnew verantwortlich waren.

Voraussetzung dafür: Beide Kanäle mussten dicht bleiben. Sie blieben es. Nach dem Rücktritt Brandts informierte ich Helmut Schmidt über Existenz und Charakter der Verbindung zum Kreml, und er bat mich, diese Aufgabe für ihn zu übernehmen und sie als Bundesbevollmächtigter in Berlin weiterzuführen. Nach seinem Rücktritt habe ich, ohne ihn oder Brandt zu fragen, Helmut Kohl unterrichtet. Nach einer Nacht Bedenkzeit rief er an und gab grünes Licht für die Weiterführung: »Man kann ja nicht wissen, was noch alles passiert. Die Einzelheiten besprechen Sie bitte mit Teltschik.« Gemeinsam mit dem Mann aus Moskau übergaben wir den Kanal in aller Form. Während die neuen Koalitionäre ein Stockwerk tiefer ihre Außenpolitik zu besprechen begannen, hatte Kohl, wie der neue Kanzleramtschef Horst Teltschik lächelnd bemerkte, schon einen Nagel eingeschlagen. Der Vorgang ließ mich zu Willy sagen: »Unsere Ostpolitik ist in guten Händen.«

»Dann mach mal«

Nach der Unterzeichnung des Moskauer Vertrages wollten wir zügig weitermachen. Ein Vertrag mit Polen stand ganz oben auf der Tagesordnung, ebenso eine Regelung der Berlin-Frage durch die Vier Mächte. Zurück in Bonn, suchte mich der für uns »zuständige Betreuer« der CIA auf (jede Partei hatte »ihren« Betreuer). »Unsere Leute in Washington wollen wissen, worüber wir in Berlin eigentlich verhandeln sollen«, erklärte er, »da haben wir doch nur schlechte Karten.« Ich beruhigte ihn mit der Versicherung, ich hätte genaue Vorstellungen und würde sie schnell übermitteln. Jetzt bestand dringender Gesprächsbedarf mit Brandt. Ich lud ihn zu einem kleinen Happen nach Hause ein. Sein Lieblingsessen, Kartoffelpuffer, schied aus, denn es hätte gestört, immer wieder frische aufzutischen. Also Linsensuppe. Sein rustikaler Geschmack hatte Brandt nicht daran gehindert, in Moskau mit großem Behagen Kaviar zu genießen.

Hier ist eine grundsätzliche Klarstellung nötig: Alle vor 1991 entwickelten ostpolitischen Vorstellungen, Pläne und Ideen gingen von der Annahme aus, dass die Sowjetunion und der Warschauer Pakt auch in Zukunft bestehen bleiben würden. Die Ereignisse des Jahres 1991, die die Implosion eines Weltreiches brachten und das Ende des Warschauer Paktes einleiteten, wurden im Westen nicht erahnt. Die Erwartungen und Hoffnungen richteten sich auf eine Art Liberalisierung des Systems mit friedlicher

Koexistenz und konstruktiver Zusammenarbeit, wobei die fortbestehenden ideologischen Differenzen in einer Kultur des Streits dem gemeinsamen Ziel des Friedens unterzuordnen wären. Auch Brandt und ich konnten die Auswirkungen der Entspannungspolitik weder voraussehen noch einplanen.

Unser Gespräch bewegte sich auf gewohntem Boden. Verglichen »mit unseren Freunden in Washington und Moskau«, wie Willy sagte, hatten wir einen Vorsprung vor allen Beteiligten, weil wir vertraut waren mit den Bedürfnissen Berlins und der Psychologie seiner Menschen. Es fiel deshalb nicht schwer, die Grundlinien für Verhandlungen abzustimmen. Praktisch müssten wir, so der Gedanke, die Vier Mächte vorsichtig an die Hand nehmen und führen. Darauf riet Willy zur Zurückhaltung und Vorsicht. Das Gespräch gewann eine nie vorher und nie später erlebte Weite und Tiefe.

Bei der Betrachtung unserer geteilten Welt, das eigene Land eingeschlossen, käme man schwerlich an der Erkenntnis vorbei, dass das ganze Elend von Deutschland ausgegangen sei. Marx und Engels hätten schließlich eine weltweite Wirkung entfaltet, ideologisch und politisch bis hin zu Kriegen, die in seltsamer politischer Gerechtigkeit wieder nach Deutschland zurückgekehrt seien. Es sei vielleicht naheliegend, dass aus dieser geteilten Mitte auch am ehesten nach Möglichkeiten gesucht würde, die Spaltung zu erleichtern und zu überwinden. Die Entspannungspolitik könne das Mittel werden, die gefährliche Konfrontation zwischen Ost und West aufzulösen. Das wäre dann gleichbedeutend mit der Linderung der von vielen so genannten »Krankheit des Kommunismus«. Fast könnte man das eine geschichtliche Verantwortung der Deutschen nennen. An diesem Punkt verlangte Brandt, darüber nie zu sprechen. »Man würde uns für Hochstapler halten.« Die Kombination von »deutsch« und »Führung« sei hochbrisant.

Andererseits, fügte er beruhigend hinzu, wüssten wir noch nicht einmal, ob das mit der Berlin-Regelung klappen würde. Auch beim Blick auf einen weiten Horizont blieb Brandt mit beiden Beinen auf der Erde. Es werde wohl eine einmalige Situation bleiben, dass Deutsche in einer solchen Schlüsselposition seien. Er könne sich keine Wiederholung einer derart zentralen deutschen Bedeutung vorstellen. Was das »An-die-Hand-nehmen« betraf, warnte er: »Übernimm dich nicht«, und gab gleich darauf grünes Licht: »Dann mach mal.«

Bereitschaft ohne Echo: Polen

Gerade nach den guten Erfahrungen in Moskau ahnte Brandt: »Das wird ein schwierige Reise.« Polen, das erste Opfer Hitlers, geteilt, nach Westen verschoben, amputiert, der Verlierer unter den Siegern, sollte sich nicht erneut gedemütigt fühlen. Er hatte den Krupp-Chef Berthold Beitz gebeten, dem polnischen Ministerpräsidenten Józef Cyrankiewicz einen Brief zu überbringen. Beitz, der während des Krieges polnische Juden gerettet hatte, war in Warschau hoch angesehen und sicher der einzige Briefträger, der diese Post mit seinem Privatflugzeug befördern konnte. Brandt hatte den Brief schon im Dezember 1969 geschrieben, lange bevor er wusste, wann er nach Moskau fahren würde, und hatte um Verständnis gebeten: Bitte nicht drängen, das sei nicht nötig. Wir müssten in Moskau beginnen und würden dann alle politischen Fragen gemeinsam besprechen.

Brandts Neigung zu Polen hatte eine Vorgeschichte. Anfang 1968 hatte mich Hansjakob Stehle, damals Korrespondent der *Zeit* in Wien, eingeladen, einen polnischen Botschaftsrat zu treffen. Jerzy Raczkowski, den ich aus Berlin kannte, wünschte die Begegnung »ohne Auftrag seiner Regierung«. Brandt stellte mir frei, dabei das gesamte Konzept der Entspannungspolitik darzustellen. So wurde Polen das erste Land, das einen Überblick über unsere Pläne bekam. Zwei Tage nach meinem Bericht sprach Brandt, damals noch Außenminister, vor dem Rhein-

Ruhr-Club von »einem neuen Ansatzpunkt für ein sachliches Gespräch«. Dieser Wink war für seinen polnischen Kollegen Adam Rapacki bestimmt, der den aufregenden Plan einer atomwaffenfreien Zone in Mitteleuropa vorgeschlagen hatte. Auf dem Nürnberger Parteitag im März 1968 stellte Brandt erstmals eine »Anerkennung bzw. Respektierung der Oder-Neiße-Linie bis zur friedensvertraglichen Regelung« in Aussicht. Diese gewissermaßen amtliche Bestätigung der Formel, die mein Wiener Gespräch mit Raczkowski ergeben hatte, blieb ohne Echo. Nachdem Warschau stumm blieb und Brandt innenpolitischen Ärger bekam, befand er: »Die wollen nicht oder können nicht oder dürfen nicht.«

Erst ein Jahr später erklärte Parteichef Władysław Gomułka plötzlich, die Formel Brandts auf dem Nürnberger Parteitag sei ein Schritt hin zu einem Gespräch. Warum die späte Reaktion? Stehle löste das Rätsel. Anfang 1969 hatte er am Rande eines Parteitags der italienischen Kommunisten in Bologna Zenon Kliszko, den engsten Mitarbeiter Gomułkas, getroffen. Der beklagte sich darüber, dass Gomułkas Echo auf Brandts Rede ohne Reaktion aus Bonn geblieben sei. Der Bericht des polnischen Diplomaten aus Wien war direkt in den Akten gelandet. Kliszko machte sich kundig und gab ihn Gomułka. Am Abend des 7. Dezember 1970 ging ich Arm in Arm mit Stehle zu einer deutschen Journalistengruppe und hörte Kliszko sagen: »Wenn dieser Stehle mich damals in Bologna nicht auf Ihr Gespräch in Wien aufmerksam gemacht hätte – wer weiß, ob wir schon hier in Warschau zusammensäßen.« Im Kalten Krieg konnte es von grotesken Zufällen abhängen, ob die Gesprächsbereitschaft die andere Seite zur rechten Zeit erreichte.

Am 6. Dezember 1970 begrüßte Cyrankiewicz den Kanzler protokollgerecht am Warschauer Flughafen. Er entschuldigte sich später für sein bemühtes Deutsch: Er sei noch als Untertan des Habsburger Reiches geboren. Leise sprach er zu Brandt über die große sozialistische Familie. Diese Polen wussten einen Sturm der Gefühle zu entfachen. Der polnische Delegationsleiter der Vertragsverhandlungen, Vizeaußenminister Józef Winiewicz, begründete sein fehlerfreies Deutsch: Bei seiner Geburt hätte es keinen polnischen Staat gegeben; die deutsche Sprache hätte er in der deutschen Schule gelernt und weder im Exil in London noch an der Botschaft in Washington ganz vergessen. Ich erzählte von meinen schlesischen Verwandten, von ostpreußischen Erinnerungen der Großmutter, die den Transport im Viehwagen nach Westfalen gerade noch überlebt hatte; er berichtete von seinen im Krieg getöteten Angehörigen. Meinen Bericht über die schwierigen Gespräche mit DDR-Unterhändler Michael Kohl kommentierte er knapp: Die DDR habe Minderwertigkeitskomplexe. Bonn sei schon zu groß für die Franzosen, erst recht für seinen unmittelbaren östlichen Nachbarn. Wir sollten großzügig sein und Adenauer ein Denkmal bauen, weil er die deutsche Teilung garantiert habe: »Seien Sie ehrlich. Das ist doch besser für alle.« Statt gegen seine geistvolle Übertreibung zu protestieren, empfand ich Mitgefühl: Wir hatten die Realität der Führungsmacht in Moskau für uns genutzt, Warschau musste ihr folgen.

Für Brandt hatte seine aus Warschau nach Deutschland übertragene Fernsehansprache fast gleiches Gewicht wie die Vertragsunterschrift, mit der die Oder-Neiße-Grenze bestätigt und Gebietsansprüche aufgegeben wurden. Der Danziger Günter Grass und der Ostpreuße Siegfried Lenz halfen bei der Formulierung. Der Kanzler wusste: Niemand würde Deutschland je in die Freiheit seiner Einheit entlassen, wenn danach territoriale Forderungen erhoben werden könnten. Das sollte sich zwanzig Jahre später während der Zwei-plus-Vier-Gespräche bestätigen. Aber für die Heimatvertriebenen wurde der Verlust von Hoffnungen nicht dadurch leichter, dass er sich als Verlust von vehement gepflegten Illusionen erwies. Und für Brandt wurde das innenpolitische Risiko nicht dadurch kleiner, dass die Polen nur die späte Bestätigung des Selbstverständlichen erhielten.

Brandts Kniefall habe ich nicht gesehen. Beitz und ich sprachen im Wagen über unsere Eindrücke und schlenderten zum Ghetto-Denkmal, vor uns eine Wand von Journalisten, als es plötzlich ganz still wurde. Auf die Frage, was denn los sei, zischte einer: »Er kniet.« Am Abend allein mit dem Freund, traute ich mich zu sagen: »Das war aber doll.« Darauf Brandt: »Ich hatte das Empfinden, ein Neigen des Kopfes genügt nicht.« Da hatte einer, der frei von geschichtlicher Schuld war, geschichtliche Schuld seines Volkes bekannt. Mehr musste nicht gesagt werden.

Nachdem ich Kliszko zur »Betreuung« zugeteilt worden war, zeigte er mir die Altstadt, eine Ausstellung moderner Malerei, wie sie weder in Moskau noch in Ostberlin zu sehen gewesen wäre, und lud zum Essen in ein Restaurant, in dem wir freundlich begrüßt wurden. Ohne Begleitung oder Bewachung mischten wir uns unter die Gäste. »Können Sie sich vorstellen, mit Suslow oder Axen einen solchen Stadtbummel zu machen?« Auch ohne die Chefideologen Moskaus und Ostberlins zu kennen, konnte ich das nicht. Über europäische Sicherheitsvorstellungen müssten wir in Ruhe sprechen. Dazu lud er mich zu Weihnachten nach Masuren ein.

Am Verhandlungstisch erläuterte Brandt seine Absicht, die Beziehungen zu Polen zu einem vergleichbaren Gewicht zu entwickeln wie diejenigen zu Frankreich. Das fand keinen Widerhall. Auch der Vorschlag, ein deutsch-polnisches Jugendwerk zu schaffen, wurde nicht beantwortet. Vierundzwanzig Jahre später reiste Richard von Weizsäcker zu seinem letzten Staatsbesuch nach Warschau. Während er dem Präsidenten Lech Wałęsa seine Aufwartung machte, lobte Ministerpräsident Tadeusz Mazowiecki Bundeskanzler Kohl für den historischen Akt des Staatsvertrages zur Oder-Neiße-Linie. Das wunderte mich, denn Kohl hatte sich zu dem Vertrag drängen lassen und die Grenze nicht um einen Millimeter verändert. Dann pries Mazowiecki Kohl, weil der das Verhältnis zu Polen auf eine Stufe mit dem zu Frankreich stellen und ein deutsch-polnisches Jugendwerk einrichten wollte. Der Name Willy Brandt fiel nicht. Ich konnte mich nicht zurückhalten, öffentlich darüber mein Erstaunen auszudrücken. Mazowiecki entschuldigte sich mit den Worten, der Kniefall sei unvergessen. Die Enttäuschung war verdoppelt.

Aus dem Thema Familienzusammenführung entwickelte sich eine Groteske. »Vielleicht 40 000« Ausreisen sagten die Polen zu. Drei Jahre danach versuchte ich, weitere 120 000 zu erwirken. Eine Milliarde D-Mark wurden von polnischer Seite erwartet, die aber in keinem Zusammenhang mit den Ausreisen stehen sollten. Als Sanne und ich in den Verhandlungen bei 560 Millionen angekommen waren, beauftragte Brandt mich, darüber mit dem Finanzminister zu sprechen. Schmidt lehnte brüsk ab. Peinlich, das den Polen sagen zu müssen. Die reagierten mit Schweigen, denn die Summe war ihnen zu gering. Als Bundeskanzler sollte Schmidt dann etwas über eine Milliarde D-Mark zur Verfügung stellen und – ohne direkten Zusammenhang – über 100 000 Menschen gewinnen. Schließlich wunderte sich der polnische Botschafter, nachdem Helmut Kohl Bundeskanzler geworden war: »Früher haben wir Geld bekommen, damit die Menschen gehen, jetzt bekommen wir Geld, damit sie bleiben.« Das war in Kurzform eine Geschichte der deutschen Forderung nach Bewegungsfreiheit in Europa.

Nach zwei prall gefüllten Tagen nahm mich Cyrankiewicz auf dem Flughafen an den Arm: »Wir müssen unser europäisches Gespräch fortsetzen.« Auch er lud mich zu Weihnachten nach Masuren ein. Ich bin bis heute nicht dort gewesen, denn zwei Wochen später wurden Gomułka und seine Mannschaft abgelöst. Drastische Preiserhöhungen wirkten stärker als die Bestätigung der Oder-Neiße-Linie. Auf dem Rückflug zeigte der Freund sich enttäuscht, melancholisch, unzufrieden: »Ich habe mehr erwartet.«

Das Berlin-Abkommen:
ein Kunstwerk

Kaum zurück in Bonn, beschied mich Brandt: »Du musst dich jetzt auf Berlin konzentrieren. Außerdem solltest du dich darauf vorbereiten, die Verhandlungen mit der DDR zu führen.« Dabei war es besonders günstig, dass ich neben der Aufgabe im Kanzleramt auch der Bundesbevollmächtigte in Berlin war. Brandt stützte meine Position, indem er Egon Franke feinfühlig davon überzeugte, dass sein Ministerium auch nach der Umbenennung von gesamt- zu innerdeutsch in Ostberlin noch als Provokation empfunden würde. Frankes Haus bekam den stellvertretenden Delegationsleiter. Vertreter des Innen-, Justiz- und Verkehrsministeriums und des Auswärtigen Amtes verstärkten die Delegation.

Der Kanzler präzisierte, indem er den »sehr geehrten Herrn Kollegen Bahr« offiziell bestallte: »Ich beauftrage Sie, als Bundesminister für besondere Aufgaben Fragen der Entwicklung der Beziehungen mit der DDR zu bearbeiten und als Bevollmächtigter der Bundesregierung in Berlin tätig zu sein. Vorlagen, die sich in diesem Zusammenhang an das Kabinett ergeben, bitte ich mit den jeweils beteiligten Ressorts abzustimmen. … Mit freundlichen Grüßen, Ihr Willy Brandt.«

In den Moskauer Verhandlungen war die Zuständigkeit der Siegermächte in der Berlin-Frage bekräftigt worden. Für uns ergab sich daraus die delikate Aufgabe, den

Eindruck zu vermeiden, dass wir eine Führungsrolle beanspruchten, obwohl unsere diskrete Führung durchaus notwendig war; denn Amerikaner, Sowjets, Briten und Franzosen hatten es mit einer Berlin-Vereinbarung nicht eilig. Seit dem Frühjahr 1970 trafen sich ihre Botschafter einmal monatlich im Kontrollratsgebäude am Berliner Kleistpark und tauschten ihre kontroversen Standpunkte zum Vier-Mächte-Status aus. Dieses Verfahren hätte sich noch über Jahre hinziehen können. Aber die Lage hatte sich verändert.

Seit wir eine befriedigende Berlin-Regelung zur Voraussetzung für die Ratifizierung des Moskauer Vertrages erklärt hatten, waren die Vier Mächte daran interessiert, diese Voraussetzung zu schaffen. Washington wollte die Brandt zugesagte Unterstützung der Ostpolitik damit verbinden, die Sowjets zum Entgegenkommen in Berlin zu drängen. In dieser Lage schlug der Bundeskanzler dem amerikanischen Präsidenten vor, aus den sporadischen Begegnungen der vier Botschafter eine »permanente Konferenz« zu machen. Henry teilte mit, der Präsident habe dem Vorschlag zugestimmt; wir sollten uns schnell treffen. Eine Einladung an mich zum Start von Apollo 14 am 31. Januar 1971 auf Cape Kennedy sei veranlasst.

In Washington wurde ich Vizepräsident Spiro Agnew vorgestellt, den ich ziemlich unsympathisch fand, und flog mit ihm ins sommerliche Florida, zwinkerte Henry kurz zu und erlebte den dröhnenden Start der Rakete, der den Boden vibrieren ließ. Anschließend traf ich Henry an Bord einer kleinen Maschine, zusammen mit Kirk Douglas, der genau meiner begeisterten Erinnerung an seine Filmrolle als »Spartacus« entsprach. Er wandte sich Henrys Kindern zu und ermöglichte uns ein Gespräch unter vier Augen. Das Ergebnis: Henry etablierte einen Mann des Marinegeheimdienstes in Frankfurt, weil er die CIA nicht für dicht hielt, und schuf so unter Umgehung des State Department einen direkten Kontakt zu Botschafter Ken Rush. Für die Abstimmung mit den Sowjets bat er uns um ein Papier. Willy war sehr zufrieden.

Die Abstimmung mit meinen beiden sowjetischen Spielkameraden Slawa und Leo über die Struktur einer Berlin-Regelung ergab, dass ihr Fachwissen dafür nicht ausreichte. Also wurde Falin nach Berlin geholt. Unsere gemeinsame Sorge: Davon darf die DDR nichts erfahren. Wir brauchten achtzehn Stunden in zwei Tagen. Dann ließ mich Falin wissen, Moskau habe verdeckten Gesprächen zugestimmt und Washington habe erklärt, dass die offiziellen Instruktionen der US-Delegation im Kontrollrat nicht zu ernst zu nehmen seien. Ken Rush würde direkt nach Washington, Falin nach Moskau und ich dem Kanzler berichten. Das bedeutete unausgesprochen: Paris und London sollten erst informiert werden, wenn unsere Ergebnisse im Kontrollrat auf dem Tisch lägen, und Ostberlin erst nach dem erfolgreichen Ende der Vier-Mächte-Verhandlungen. Diese zeitsparende Konstruktion lebte vom System der direkten Kanäle und von der gemeinsamen Orientierung am Erfolg.

Schon bis dahin war die Rückendeckung durch Brandt, Nixon und Breschnew unentbehrlich. Nun diskutierten Willy und ich die Substanz. Keiner der anderen Beteiligten konnte eine so genaue Vorstellung davon haben, wie das Ergebnis der Verhandlungen aussehen sollte. Den Kern des Abkommens musste eine auch von den Russen garantierte Regelung für den zivilen Verkehr bilden. Und der entscheidende Stolperstein musste beseitigt werden: die vergebliche Suche der Vier Mächte nach einer Einigung über den völkerrechtlichen Status von Gesamtberlin. Dafür konnte das erste Passierscheinabkommen mit seiner salvatorischen Klausel, dass über Amts-, Orts- und Behördenbezeichnungen keine Einigung erreicht worden war, ein Vorbild sein. Sie hatte gereicht, um die Substanz, die Passierscheine, zu regeln. Für eine vergleichbare Konstruktion mussten zunächst die Amerikaner gewonnen werden.

Henry besorgte eine Einladung zur Bilderberg-Konferenz, die diesmal in Woodstock (Vermont) auf einem pompösen Landsitz stattfand. Für die großen Namen der Teilnehmer aus Politik und Militär, vor allem aus der Wirtschaft, die Tausende von Milliarden Dollar, Pfund und D-Mark repräsentierten, hatte ich wenig Sinn. Henry fand meinen Vorschlag einleuchtend und nannte ihn am nächsten Morgen, nach der notwendigen Zustimmung des Präsidenten, sogar »genial«. Wir würden uns auf die drei Westsektoren, ihr Verhältnis zu Bonn und den unbehinderten Verkehr konzentrieren. Niemand bezweifelte, dass die Vier Mächte die Kompetenz hatten, diese Fragen zu regeln, dass aber die beiden deutschen Regierungen die nötigen Transitvereinbarungen schließen müssten, die dann von den Vier Mächten gleichzeitig in Kraft gesetzt würden.

Am Abend kam Henry auf Vietnam zu sprechen. Dass

Brandt öffentlich die Wogen geglättet hatte, was ihm nach der völkerrechtswidrigen Bombardierung Kambodschas durch die USA nicht leichtgefallen war, habe Washington sehr wohl registriert: »Das ist wirklich ein Staatsmann.« Ich konnte nur nicken.

Das Wort »Gesamtberlin« sollte im Vier-Mächte-Abkommen gar nicht vorkommen und durch die Formel »in dem betreffenden Gebiet« ersetzt werden. Henrys Fazit: »Das werden die irrsinnigsten Verhandlungen, von denen ich je gehört habe.« Mir fiel ein Stein vom Herzen. Obwohl wir Tempo und Richtung vorgaben, sprachen wir das Wort von einer deutschen Führungsrolle selbst im kleinsten Kreis nie aus. Der amerikanische Botschafter Ken Rush war da unbefangener: »Es geht vor allen Dingen um Ihre Interessen. Und da brauchen wir die Führung durch den Kanzler.«

Eine wirkliche Erleichterung war, dass Falin Anfang Mai 1971 als Botschafter an den Rhein kam. Unsere Zusammenkünfte fanden abwechselnd in der amerikanischen und der sowjetischen Residenz statt. Die Anfahrt der beiden Botschafter im Kanzleramt wäre zu auffällig gewesen. Nur einmal konnte ich mich in der Dienstvilla des Bundesbevollmächtigten in der Dahlemer Pücklerstraße revanchieren. Das hatte die CIA bemerkt und Rush am nächsten Morgen alarmiert, weil Falin beim Bundesbevollmächtigten gewesen sei. Der antwortete »Ich auch«, aber als Freund warnte er mich: »Egon, sei vorsichtig, du wirst überwacht.«

Wir waren uns der Verantwortung bewusst, dass wir die schwierigen Texte, die ich in deutscher Sprache vorlegte, auf Englisch zu verhandeln hatten, was weder Falin noch ich perfekt beherrschten. Rush konnte genauso wenig Russisch wie ich, und sein Deutsch verbesserte sich zwar im Laufe der Wochen, erreichte aber nie das Niveau Falins. Der Amerikaner brachte für jede deutsche Vokabel sofort zahlreiche Übersetzungen, die hilfreich sein sollten, von denen aber Falin und ich wussten, dass sie, vergangenheitsbeladen, in Bonn oder Moskau oder vor allem in Washington unannehmbar wären. Wir machten uns also gegenseitig auf Klippen aufmerksam und erlebten, wie das Vertrauen wuchs. Bald sprachen wir uns mit Vornamen an und sprangen vom englischen zum deutschen »Du«.

Das Verhältnis zwischen Westberlin und der Bundesrepublik zu definieren, erwies sich als schwierig. Die Forderung einer »Selbständigen Einheit Westberlin« gaben die Sowjets zwar auf, aber Berlin nach der Formulierung des Grundgesetzes als Land der Bundesrepublik zu bezeichnen, war für sie indiskutabel. Keiner unserer Vorschläge wurde in Moskau gebilligt. Sanne durchforstete alte Unterlagen und fand tatsächlich, dass die Drei Mächte (noch ohne Frankreich) noch vor Ende des Krieges entschieden hatten, Berlin solle »kein konstitutiver Teil« eines neuen Staates werden. Ken formulierte das für die Zukunft: »Bleibt ein nichtkonstitutiver Teil der Bundesrepublik.« Falin dachte an seinen Minister und ergänzte: »… und wird auch nicht von ihr regiert.« Ich dachte an das Bundesverfassungsgericht: »… und wird auch weiterhin nicht von ihr regiert.« Was wir vereinbarten, wurde von Amerikanern und Sowjets durch Botschaftsräte auf den Tisch der Vier Mächte gebracht.

Verschiedene Ebenen mussten gleichzeitig bedient werden: der interne Kern mit Ken und Valentin, die verdeckten Kanäle nach Washington und Moskau, die Abstimmungen mit dem Berliner Senat und den Parteien in Bonn, nicht zu vergessen mit der DDR. Da gab es unterschiedliche Interessen, Leidenschaften, knapp vermiedene Pannen und Aufregungen, die Brandt »Petitessen« nannte. Das alles ist Geschichte. In meiner Erinnerung lebt sein Drängen, wir sollten uns beeilen. Er habe keine Lust, dauernd schwindeln zu müssen auf die Fragen, wo ich denn gerade sei. Außerdem schimpfte er: »Diese verdammten Großmächte sollen gefälligst nicht so viele Geheimnisse machen«, was mich amüsierte, denn auf die vertrauliche Bitte Henrys hin half er der Nixon-Administration, indem er sich in einem Interview gegen die Reduzierung amerikanischer Truppen aussprach. An Breschnew schrieb er, dass er trotz aller Angriffe der Opposition durchhalten werde, und wies darauf hin, wie wichtig es für ihn sei, den Westberlinern Bundespässe ausstellen zu können.

Inzwischen war Ulbricht durch Honecker abgelöst worden. Falin informierte, der neue Mann werde »für Moskau ein leichterer Partner«, könne für die innerdeutschen Verhandlungen aber schwieriger werden. Außerdem war die zweite Begegnung des Kanzlers mit Breschnew vorzubereiten. Beide wollten auf der Krim für drei Tage im September das aufregende Thema der konventionellen Rüstungsreduktion besprechen.

Es fiel mir zu spät ein, dass unser Abkommen in den drei Sprachen Englisch, Französisch und Russisch gültig werden würde, aber auch eine deutsche Fassung brauchte, die für beide deutschen Staaten verbindlich wäre. Eine kleine deutsch-deutsche Arbeitsgruppe stellte fast hundert Unterschiede zwischen der Ost- und der Westübersetzung fest. Ganz unfröhlich verschoben die Vier die Paraphierung, um nicht hinterher dauernd schlichten zu müssen. Die Deutschen einigten sich bis auf zwei Punkte: Die DDR bestand darauf, das Ganze »Vierseitiges Abkommen« zu nennen, während unsere Seite vom »Vier-Mächte-Abkommen« sprach. Schwierig wurde es mit dem englischen »ties« und dem russischen »swasi«. Beide Begriffe konnten als »Bindungen« oder »Verbindungen« übersetzt werden. Mein Hinweis auf den Unterschied zwischen der »amtlichen Bindung« und der »Verbindung« zu einer Frau fruchtete nicht. In der Praxis funktionierten beide Fassungen: Westberlin lebte auch weiterhin in »Bindungen« zum Bund, für die DDR waren es von der Sowjetunion garantierte »Verbindungen«.

In der turbulenten Schlussphase erwies sich Ken als unentbehrlich, wenn er Weisungen des State Department einfach ignorierte: Das Weiße Haus und er verstünden besser, was im Interesse der Vereinigten Staaten liege. Oder wenn er der CDU-Fraktion erklärte, wie erfolgreich das Abkommen sein würde; wer es ablehne, würde gegen die Politik des amerikanischen Präsidenten sein. Auch Moskau bewies Flexibilität: Gromyko war inkognito nach Berlin gekommen, wie ich über den Kanal erfuhr. Widerwillig stimmte er schließlich zu, dass die Westberliner Bundespässe erhielten. Die deutschen Vorstellungen konnten insgesamt durchgesetzt werden. Als Preis unterstützten wir den sowjetischen Wunsch nach einem Generalkonsulat in Westberlin.

Ken übermittelte Brandt den Ausspruch des nicht immer einfachen Nixon: »Auf den Mann kann man sich verlassen.« Er würde unsere Gruppe nur noch »die drei Musketiere« nennen. In bewährter Manier würden wir auch die Reduktion konventioneller Waffen schaffen. Auch deshalb kündigte ich später, im April 1974, dem Kanzler an, bis zum Ende des folgenden Jahres den ersten Truppenentflechtungsvertrag zu vereinbaren – im Vertrauen darauf, dass Geschichte eben auch von der richtigen Person zur richtigen Zeit an der richtigen Stelle abhängt.

Nachdem die Vier ihre Arbeit mit dem Ausruf »Ende gut, alles gut«, dem einzigen Beitrag ihres sowjetischen Kollegen Pjotr Abrassimow, abgeschlossen hatten, folgten Jubel, Trubel, Heiterkeit und Glückwünsche aus aller Welt. In sechs Monaten war mehr erreicht worden, als allgemein erwartet. Vor allem taten alle so, als ob das Werk vollendet sei. Dabei fehlten die zwischen uns und der DDR auszubuchstabierenden Einzelheiten zum Transitverkehr, für den das Ganze schließlich begonnen worden war. Das erstaunliche Vertrauen, dass meinem ostdeutschen Verhandlungspartner Michael Kohl und mir plötzlich entgegengebracht wurde, war ungewohnt. Und Willy benutzte erstmals den innerdeutschen Plural: »Ihr werdet das schon machen.«

Ohne die Deutschen geht es nicht: das Transitabkommen

Das Klima des Vertrauens, das sich während der Berlin-Verhandlungen zwischen den beiden Großen einstellte, wirkte sich auch auf das Verhältnis Bonn-Ostberlin aus. Sowjets und Amerikaner sorgten dafür, dass die Deutschen schon über Transitfragen sprechen durften, als die Vier im Kontrollrat noch am Anfang standen. Für mich hieß das: Ich lernte Michael Kohl kennen. Dazu benutzte ich den für Westdeutsche bestimmten Übergang Heinrich-Heine-Straße, hatte aber nur meinen Westberliner Personalausweis. Dem Offizier, der mich abweisen wollte, empfahl ich, den Staatssekretär Kohl anzurufen. Kohl wurde wütend und sprach von Provokation, bis ich ihn darauf aufmerksam machte, dass auch der Bundeskanzler einen Westberliner Personalausweis besäße. Wie würde dann wohl ein westdeutscher Staatsbesuch in Ostberlin gehandhabt werden? Zudem sei ich Bundesbevollmächtigter in Berlin und damit nach Auffassung seiner Regierung Inhaber eines rechtswidrigen Amtes. Bei unserem nächsten Zusammentreffen gab mir Kohl einen kleinen Ausweis, ausgestellt vom Ministerrat der DDR, mit der Nummer 000001, der alle Dienststellen anwies, den Inhaber zu unterstützen. Ich brauchte ihn nie, da mein Wagen nicht wieder kontrolliert wurde.

Michael Kohl und mich verband anfangs nur das gemeinsame Behagen darüber, dass die Vier Mächte auf unseren Erfolg warten mussten. Außerdem hatte mir Falin seine Einschätzung mitgegeben, mein Partner sei »ein anständiger Mensch«. Ich lernte ein Spitzenprodukt der DDR kennen: intelligent, auf die Materie glänzend vorbereitet, am Anfang verkrampft und unsicher. Dass ihm mein Ausspruch zugetragen worden war, gemessen an ihm sei Gromyko ein Playboy, hatte ihn nicht gerade lockerer gemacht.

Die Delegationen arbeiteten zwei bis drei Tage wöchentlich, gelegentlich auch an Wochenenden und bis tief in die Nacht. Ich fuhr anfangs am Abend zurück nach Westberlin, was Kohl schlucken musste, bis Willy fand, man könne den Hokuspokus auch übertreiben. Danach genossen wir im Kronprinzenpalais Unter den Linden nicht nur eine hinreißende Aussicht auf die Stadt, sondern auch den Blick über das Brandenburger Tor nach Westen. Der Widerschein der Lichtreklamen am nächtlichen Himmel musste hier im Osten ähnliche Vorstellungen auslösen, wie wir sie nach Kriegsende mit der Schweiz verbanden: hell, reich und ohne Probleme. Wenn Ulrich Sahm, der Sohn des letzten demokratisch gewählten Oberbürgermeisters der Stadt, und ich ein paar Schritte über die Linden schlenderten, fanden wir, Berlin stünde uns als Hauptstadt gut zu Gesicht. Ich fühlte mich hier zu Hause, während der aus Thüringen stammende Kohl ein Zugereister war.

In den Verhandlungen zeigte sich die DDR kooperativ, bis wir zu dem Punkt kamen, den Missbrauch des Transits definieren zu müssen. Durften ihn Springer oder Strauß benutzen? Oder jene, die nach Auffassung der DDR das

Land illegal verlassen hatten? Kein Staat verzichte darauf, einen Fahnenflüchtigen festzunehmen, entrüstete sich Kohl. Die Vertreter der Westmächte waren der Ansicht, Kriegsverbrecher auf den Transitwegen könne man der DDR nicht zumuten. Es dauerte lange, ehe wir mühsam als Ergebnis formulierten: Wer in den Transit hineinkommt, kommt auch wieder heraus. Wer nicht zurückgewiesen wird, kann ungehindert reisen. Einen Deserteur würden die Behörden der DDR erst gar nicht hineinlassen. Etwas später gewährten sie sogar »Republikflüchtigen« freien Transit. Solange unser Abkommen funktionierte, also bis zur deutschen Einheit, mussten die Vier Mächte nicht ein einziges Mal angerufen werden, um einen Streit zwischen den beiden deutschen Regierungen zu schlichten.

Wir tagten abwechselnd im Haus der Ministerien und im Kanzleramt und feilschten wie die Teppichhändler, wie hoch die pauschale Abgeltung der Transitgebühren zu sein habe, damit niemand mehr angehalten, kontrolliert und zur Kasse gebeten wurde. Wir einigten uns auf jährlich 234,9 Millionen D-Mark. Kohl behielt recht, dass die Verkehrszahlen nach oben schnellen würden: Günter Gaus musste schon 400 Millionen, Helmut Kohl 860 Millionen D-Mark zusagen.

Während einer Besprechung mit Michael Kohl und Sahm in Bonn wurde mir die Meldung hereingereicht, Brandt sei der Friedensnobelpreis zugesprochen worden. Er hatte Jean Monnet vorgeschlagen. Nachdem mir das Gewicht der Meldung bewusst geworden war, wollte ich dem Freund gratulieren. Die Kabinettsmitglieder hatten sich im Kanzleramt versammelt. Schiller sprach ein paar ehrende Worte, Willy stand ihnen gegenüber. Zu spät und durch die falsche Tür kommend, stand ich im Rücken von Willy, der unaufhörlich mit dem Daumen seine vier Finger zählte. Im Kanzlerbüro umarmte er mich: »An dem Preis hast du deinen Anteil. Du musst mit nach Oslo kommen.«

Die parallel zu den Transitgesprächen stattfindenden schwierigen Sonderverhandlungen zwischen dem Westberliner Senat und der DDR, auch über Besuchsmöglichkeiten von Westberlinern »in die angrenzenden Gebiete«, mussten zumindest koordiniert werden. Am Tag der Nobelpreisverleihung, dem 10. Dezember, erkundigten sich die norwegischen Freunde in Oslo, ob am nächsten Tag in Berlin paraphiert werden könne. Beim Abendessen dann die erlösende Mitteilung: Senat zehn Uhr. Ich erreichte Kohl und verabredete mich für elf Uhr mit ihm. Willy gratulierte erleichtert. Am nächsten Morgen mit der Luftwaffe nach Schönefeld. Paraphierung im Haus der Ministerien. In Westberlin Pressekonferenz mit dem Regierenden Bürgermeister Schütz. Rückfahrt nach Ostberlin. Die Crew der Luftwaffe war begeistert: Sie durfte in Zivil unsere fremde Hauptstadt besichtigen. Flug nach Bonn, Pressekonferenz, im Hubschrauber nach Köln-Wahn, Flug nach Stockholm, Fahrt ins Hotel und im Smoking pünktlich eine Minute vor zwanzig Uhr zum Galadinner für den Bundeskanzler. Der 11. Dezember 1971 war wirklich ausgefüllt.

Michael Kohl und ich erprobten und genossen unseren persönlichen »Wandel durch Annäherung«. Uns war klar, dass wir zum ersten Mal seit dem Krieg eine Rechtsgrundlage für den zivilen Verkehr zwischen Westdeutschland und Westberlin geschaffen hatten. Ich empfand es als Skandal, dass die westliche Seite das jahrzehntelang nicht ein einziges Mal gefordert hatte. Wir stimmten gemeinsam die Briefe unserer Regierungen ab, durch die den jeweiligen Verbündeten das Ergebnis mitgeteilt wurde, damit sie das Ganze in Kraft setzen konnten. Während wir die Briefe an die Vier formulierten, mit denen die beiden deutschen Staaten ihre Mitgliedschaft in den Vereinten Nationen beantragten, lächelten wir uns verständnisvoll zu, weil bei allen Unterschieden eben beide Staaten nicht souverän wurden, sondern anerkannten, dass die unkündbaren Rechte der Vier Mächte weiter galten. Es überraschte mich aber nicht, dass die Besiegten gar über die Sieger »mitbestimmen können«, wie es im amerikanischen Bestätigungsbrief formuliert wurde.

Als es Weihnachten 1971 Verzögerungen bei der Besuchsregelung zwischen West- und Ostberlin gab, erklärte ich Kohl, dass die Regierung der DDR dafür nicht verantwortlich sei. Kohl übermittelte, das habe Honecker überzeugt, dass ich hart, aber fair sei. Leo bestätigte diese Äußerung Honeckers gegenüber Moskau, was für die Zukunft wichtig werden sollte. Ich war glücklich, dass die Insel Westberlin näher ans Festland gerückt war und seine Bewohner von nun an frei von Schikanen reisen konnten. Brandt hatte sein Versprechen eingelöst, von Bonn aus mehr für Berlin leisten zu können.

Vor allem war uns beiden bewusst: Wir hatten einen Markstein in der Nachkriegsgeschichte gesetzt. Über wichtige Fragen in Deutschland konnten die Vier Mächte nicht mehr ohne die beiden deutschen Regierungen entscheiden. Das Modell Vier-plus-Zwei war geboren, aus dem zwanzig Jahre später Zwei-plus-Vier wurde. Kohl und ich stimmten überein, dass die Vier erst wieder bei einem Friedensvertrag unentbehrlich werden würden. Wir waren nicht mehr bloße Objekte anderer und konnten uns auf unsere Interessen konzentrieren. Kurz: Wir hatten uns »eingearbeitet«. So kam ich mit Kohl auch überein, den Kalten Krieg zwischen Bundeswehr und NVA einzustellen: Soldatensender, an der Grenze aufgestellte Lautsprecher und Luftballons mit Flugblättern gab es ab dem 1. Juli 1972 nicht mehr – ohne jede schriftliche Vereinbarung. Beide Seiten hielten sich daran.

Nach dem Gesellenstück des Transitabkommens, das am 17. Dezember 1971 paraphiert wurde, verabredeten wir uns zur Fortsetzung, der Ausarbeitung eines Verkehrsvertrages, für den 20. Januar 1972. Brandt kommentierte: »Mit unserem Anteil an der Einheit können wir ganz zufrieden sein.« Der Visionär hatte das Ziel unseres Weges schon im Blick.

Alles oder nichts

Es ist wohl eine Gnade, dass es den Menschen versagt ist, ihre Zukunft vorauszusehen. Die Freiheit zu planen findet ihre unüberwindbare Grenze schon darin, auch nur den nächsten Tag zu bestimmen. Die Klugheit der nächsten Generation ist kindlich, im Rückblick auf die unrevidierbare Vergangenheit die Fehler zu sehen, die sie selbst immer neu macht. Es bleibt ein Fluch der Natur, dem Menschen zu versagen, seine Erfahrungen zu vererben.

Brandt hatte in seinen Harvard-Vorlesungen 1962 die notwendige Koexistenz zwischen Ost und West als »Zwang zum Wagnis« bezeichnet. Das Jahr 1972 sollte für ihn ein solcher »Zwang zum Wagnis« werden. Auf die Behauptung der Kanzlerschaft gegen das konstruktive Misstrauensvotum folgte der Verlust der Mehrheit, auf den Triumph des Wahlsiegs die persönliche Niederlage. Diese Herausforderungen konnte nur bestehen, wer im Getümmel des Kampfes nicht die Orientierung verlor und die Kraft bewies, unbeirrt seiner Überzeugung zu folgen. Es wurde ein Jahr, in dem der deutsche Bundeskanzler im Mittelpunkt internationaler Sorgen stand, von Washington bis Moskau, Honecker eingeschlossen, ob er sich behaupten würde und ob man ihm helfen könne.

Am Anfang des Schicksalsjahres stand das Projekt des ersten ratifizierungsbedürftigen Vertrages zwischen den beiden deutschen Staaten. Der Verkehrsvertrag sollte die Reisemöglichkeiten für alle Deutschen erleichtern, einschließlich der Westberliner. Wir sahen ihn als Modell, die DDR als Staat, aber mit besonderen Beziehungen zur Bundesrepublik zu behandeln. Gleichzeitig kamen Zweifel auf, weil die Mehrheit im Bundestag bröckelte, ob die Bundesregierung überhaupt noch imstande sei, die Ratifizierung des Moskauer und des Warschauer Vertrages zu schaffen. Je näher die Abstimmung im Bundestag über das von der Opposition eingebrachte Misstrauensvotum rückte, umso mehr veränderte der noch nicht einmal abgeschlossene Verkehrsvertrag seinen politischen Charakter: Könnte er angesichts der zu erwartenden Reiseerleichterungen zu einem Instrument werden, um den Ostverträgen und dem Vier-Mächte-Abkommen über die parlamentarischen Hürden zu helfen?

Slawa und Leo waren nervös. Immerhin stand das Prestige Breschnews und seiner neuen Politik gegenüber Bonn auf dem Spiel. Viele Wochen lang gab ich ein ehrliches Bild der Lage und bewertete die Chancen einer Ratifizierung mit fünfzig zu fünfzig. Breschnew gestattete einer großen Gruppe von Russlanddeutschen die Ausreise, was aber keinen Abgeordneten der Union zu einer Änderung seines Abstimmungsverhaltens bewegte. Meinen Vorschlag, unser Transitabkommen probeweise in Kraft zu setzen, lehnte Kohl brüsk ab: »Wir denken gar nicht daran, einem neuen Bundeskanzler Barzel eine solche Morgengabe zu bescheren. Wenn alles schiefgeht, werden die Zeiten eisig. Dann kann man mal wieder richtig schimpfen.« Immerhin stellte er in Aussicht, uns mit der »zeitweiligen Anwendung« statt der unmöglichen »Inkraftsetzung« des Abkommens entgegenzukommen. Dann fragte er, ob ich Honecker sprechen möchte. Das war nach New York und Moskau meine dritte Erfahrung mit der Methode der rhetorischen Frage.

Zur Vorbereitung ging ich zu dem einzigen Menschen in Bonn, der Honecker aus der gemeinsamen Vorkriegszeit im Saarland kannte. Herbert Wehner sagte knapp: »An seinen Händen klebt kein Blut.« An diese Einschätzung hielt ich mich und habe es nicht bereut. In Ostberlin traf ich einen schmächtigen Mann, etwas kleiner als ich, mit blasser, straffer Haut und wachem Blick. Seine Unsicherheit schwand, nachdem er Kaffee eingeschenkt hatte. Zu meiner Erleichterung fragte er nicht, wie es denn morgen im Bundestag ausgehen werde. Er kam schnell zur Sache und akzeptierte, »wenn es nötig ist«, die Einbeziehung Berlins in den Verkehrsvertrag, gegen die Kohl noch gekämpft hatte. Er bot sogar eine noch bessere Formel an, was ich ablehnte. Kohl kommentierte später: »Das werden wir Ihnen hoch anrechnen.«

Die Besprechung mit Honecker brachte den Durchbruch. Westdeutsche sollten mehrfach nicht nur Verwandte, sondern auch Bekannte in der DDR besuchen können. Die Freigrenze für Geschenke wurde erhöht. Touristische Reisen, auch mit dem eigenen Wagen, wurden möglich. In dringenden Fällen sollten Familienzusammenführungen ohne Altersbeschränkung erleichtert werden. Zur Herabsetzung der Altersgrenze für Besuche im Westen sah er sich noch nicht in der Lage. Unser Gespräch war die Quelle, die – mal erweitert, mal gedrosselt – zum Strom millionenfacher Besuche wurde.

»Wir sind bereit«, erklärte Honecker, »diesen Weg zu

gehen. Wir wollen die Sache ähnlich wie zu den Polen und Tschechen in Fluss bringen, also Besuchserlaubnisse nicht mehr an die Kreise binden, Hotelkapazitäten erweitern und für Ihre Bürger freihalten.« Seine Einschränkung: »Wir müssen den Prozess unter Kontrolle halten«, fand ich verständlich. Aber keine Reiseerleichterung und keine der von uns erwarteten Abgrenzungskampagnen konnte den Drang der DDR-Bürger nach Westen stoppen.

»Wenn alles gutgeht«, versprach Honecker, sei er bereit, die grundsätzlichen Beziehungen zwischen beiden Staaten zu regeln. »Wir haben Sie hierher gebeten, um Ihnen das zu sagen.« Das wurde für den Rest des Jahres wichtig. Wir tranken einen armenischen Cognac. Er ließ Grüße an Brandt und Wehner ausrichten.

Weder der Verkehrsvertrag noch Honeckers Zusagen hatten angesichts der leidenschaftlichen Kämpfe um die Macht in Bonn noch irgendeine Bedeutung. Die souveräne Haltung Brandts, mit der er gutgemeinte Hilfen aus West und Ost behandelte, verfehlte ihre Wirkung nicht. Der Tag der gewonnenen Abstimmung brachte viele Glückwünsche. Die Unterstützung aus Washington und Moskau hatte sich als solide und verlässlich erwiesen. In diesem Frühjahr 1972 wurde eine internationale Bereitschaft erkennbar, die sozialliberale Koalition zu erhalten und langfristig mit ihr zusammenzuarbeiten.

Nun ging es darum, die Ostverträge zu ratifizieren. Nachdem Oppositionsführer Rainer Barzel fast tragisch in einer Schlüsselfrage der Nation durch die Enthaltung seiner Fraktion, die Brandt als »Enthaltung vom Gewissen« verspottete, die Mehrheit für das ganze Paket ermöglicht hatte, liefen die Ratifizierungen des Moskauer und des Warschauer Vertrages am 17. Mai und des Verkehrsvertrages am 26. Mai reibungslos ab. Die Unterschriften der Vier Mächte setzten das Transitabkommen in Kraft. Doch die Stimmung im Kanzleramt blieb gedämpft. Nachdem drei Abgeordnete der FDP und einer der SPD zur Union gewechselt waren, hatte die Koalition keine Mehrheit mehr. Brandt überlegte, die Vertrauensfrage zu stellen. Ehmke war dafür, ich dagegen. »Ein Kanzler, dem der Haushalt verweigert wird, muss sich stellen«, beharrte Brandt. Ich argumentierte: »Barzel ist gerade auf den Bauch gefallen, warum musst du ihm folgen?« Bei einem Patt dürfe die Regierung keinen Kraftakt suchen. In der abendlichen Kabinettssitzung lächelte der Kanzler: »Jedes Land braucht eine Regierung. Dieses Land hat eine. Das trifft sich gut.« So wurde der Weg zu vorgezogenen Neuwahlen geebnet.

Im Juli 1972 wurde ein ausführlicher Brief von Breschnew an Brandt übermittelt mit dem Hinweis auf Versuche der DDR, unsere Beziehungen zu Moskau zu erschweren. Der Brief enthielt eine interessante Information: »Barzel und Strauß haben um Gesprächskontakte gebeten. Strauß ist schlicht abgelehnt worden, solange er seine bisherige Haltung nicht öffentlich ändert. Barzel, der betont hat, er habe ehrlich versucht, den Vertrag zur Annahme zu bringen, aber es sei über seine Kräfte gegangen, wollte den Kontakt vor seinem Urlaub haben. Dies wurde nicht akzeptiert. Im Falle einer negativen Haltung hier würde es einen solchen Kontakt auch nicht geben. Ich habe gesagt, dass dagegen nichts einzuwenden wäre.« Diese abrupte

Positionsänderung der beiden führenden Oppositionsköpfe nur drei Monate nach dem missglückten Misstrauensvotum war bemerkenswert.

Trotz der fragwürdigen Haltung der Opposition war der Wahlausgang offen. Einige Genossen argumentierten, wir seien nur durch das Tempo und die Radikalität der Ostpolitik in diese Lage gekommen; man solle beides mäßigen. Doch die Koalition war fast missionarisch durchdrungen davon, dass wir das Richtige und Nötige für unser Land taten. In dieser Überzeugung waren sich alle einig, Scheel, Wehner und Ehmke eingeschlossen. Diese Haltung respektierten die Menschen, auch wenn die öffentliche Meinung sich einig war, dass diese Koalition keine Wahlen mehr gewinnen könne. Zu allem Überfluss sprang auch noch der angesehene Wirtschaftsminister Schiller ab und löste schadenfrohe Erörterungen aus, wie viele Schillerwähler es wohl gäbe.

Im Kanzlerbüro berieten Brandt, Wehner und ich über die Fortsetzung der Verhandlungen mit der DDR. Wehner schlug vor, nach dem Muster des Verkehrsvertrages nun Monat für Monat weitere Verträge zu einzelnen Sachgebieten zu schließen, um die Opposition jeweils vor Entscheidungen zu stellen. Ich argumentierte für einen Grundvertrag, der das Verhältnis der beiden Staaten umfassend regeln sollte. In typischer Manier befand Willy: »Beredet das mal weiter.« Auf dem Weg zu seinem Wagen erläuterte ich dem »Onkel«, dass laufende Verhandlungen mit andauernder Berichterstattung viel öffentlichkeitswirksamer sein würden. Das überzeugte ihn: »So machen wir das. Sag das Willy.«

Die Koalition einigte sich auf den 19. November als Tag der vorgezogenen Bundestagswahl. Kohl und ich erkannten, dass ein umfassender Grundvertrag, der von der Post bis zur Kultur alles regelte, unter dem beiderseits gewünschten Termindruck nicht erreichbar wäre. So machten wir aus dem Grundvertrag den Grundlagenvertrag, der den Rahmen für das Nebeneinander der beiden Staaten regeln sollte, solange es sie gab.

Die Krise des Freundes

Es kam aus heiterem Himmel. Rut rief weinend an: Willy sei nicht ansprechbar. Im November konnte man damit rechnen, dass er sich eine Auszeit genehmigte, um ungestört Ruhe zu finden und neue Kräfte zu sammeln. Der permanente Überdruck musste abgebaut werden. Danach agierte er ein Jahr lang mit voller Kraft bis zum nächsten November. Das wurde als depressive Phase verstanden, was es nur zum Teil war. Brandt war das Gegenteil eines depressiven Menschen. Jeder in herausgehobener Position in Wirtschaft, Kultur oder Politik kennt die stille, zweifelnde Selbstforschung, sofern er nicht völlig abgestumpft ist. Ein sensibler Mann wie Brandt kannte sie erst recht. Zu seinen Stärken zählte die schnelle Erholungsfähigkeit. Aber es war Sommer, und das war alarmierend.

Willy lag in seinem abgedunkelten Schlafzimmer. »Ich habe keine Lust mehr.« Es ist ein böses Zeichen, wenn beim Ausüben von Verantwortung die Verbindung von Lust und Last verlorengeht. Er lud den ganzen Frust ab, eine Mischung von Resignation und Wut. Er vermutete Ehmke als Quelle von Indiskretionen, über die sich Wehner und Schmidt beklagten. Mit Wehner gehe es nicht, und Schmidt habe ihm scheißfreundlich geschrieben. In der Fraktion gebe es Unzufriedenheit, weil er nicht führe. Ehmke tue als Chef des Kanzleramtes so, als leiste er sich nebenbei auch einen Kanzler. Die Partei sei nicht regierungsfähig. Und Scheel habe er wegen der Korinthenkackerei seines Ministeriums darauf hinweisen müssen, dass der Kreml kein Amtsgericht sei. Er wolle aufhören: »Ich bin gescheitert mit meiner Art, die eben keine Befehle erteilt und Menschen wie Menschen behandelt.« Sein Wunsch, »Schluss zu machen und den ganzen Kram hinzuschmeißen«, war zum Glück unerfüllbar, weil der Bundespräsident auf Reisen war.

Seit ich Brandts Lebensweg verfolgte, erlebte ich ihn als einen Menschen, der ständig unter Druck steht. Das galt gewiss schon für den Jungen und den Emigranten. Erst recht galt es für den Abgeordneten, den Regierenden Bürgermeister, den Parteivorsitzenden und mehrfachen Kanzlerkandidaten, den Außenminister und schließlich den Bundeskanzler. Mit der Verantwortung wuchs zwar auch die Fähigkeit, dem Druck standzuhalten. Aber jede größere und umfassendere Verantwortung führte ihn an immer neue Grenzen und konnte seine Kräfte überspannen. Wann, wie und wo sollte er sich von der ständigen Hochspannung ausruhen?

Diese akute Frage führte zu der simplen Antwort, eine Auszeit zu nehmen. Schon bald nach Beginn unserer Zusammenarbeit genossen wir ganz allein eine Woche auf der tunesischen Insel Djerba, suchten in den Ruinen römische Münzen, besichtigten die älteste Synagoge des Landes und überfraßen uns auf Einladung des Gouverneurs unmäßig. Bei einem Spaziergang am Strand zog Willy sich plötzlich aus und sprang wie ein Wikinger ins Wasser. Mir war es viel zu kalt. Solche unbeschwerten Momente gab es auch Anfang der sechziger Jahre am Golf von Mexiko. Willy wollte angeln, wie er das von norddeutschen und skandinavischen Gewässern her kannte. Mit der schweren Hochsee-Angel hatte er keine Erfahrung. Unsere Begleiter schrien sofort, dass er die Leine nicht anfassen dürfe. Er verlöre seinen Finger, wenn ein großer Fisch anbisse. Als Anfänger fing ich den größeren Fisch und überließ ihn Willy, der damit vor der Kamera posierte. Wir benahmen uns wie älter gewordene Jungs. Dabei gewann er die Gewissheit, dass ich ihn nicht mit aktuellen Problemen behelligen würde. Was ich auch in den seltenen selbstbestimmten Pausen am Ende eines Arbeitstages nicht tat, wenn wir zum Beispiel ein amüsantes Gespräch über das Buch von Gerhard Zwerenz »Der kleine Herr in Krieg und Frieden« führten.

Im Urlaub besuchte ich ihn nicht, aber ein Kanzlerurlaub war nur die Verlegung des Arbeitsplatzes an einen anderen Ort. Das Leben des Freundes war die Politik. Ob die Zeit mit der Familie aus längeren oder kürzeren Intervallen bestand, wollte ich nicht erforschen. Er hätte auch nicht gefragt werden wollen. Dann gab es entspannte Minuten, wenn Brandt am Ende einer Kabinettssitzung seine befreiende Frage stellte: »Weiß jemand noch einen guten Witz?«

Dass es diese Krise im Sommer 1972 gab, war übrigens für keinen Außenstehenden erkennbar. Brandts Kraft und Entschlossenheit reichten bis zum Ende jenes turbulenten Jahres. Er war ein starker Charakter. Er kannte seine außergewöhnlichen Fähigkeiten und wusste um seine Bedeutung für unser Volk in einer vielleicht historischen Situation. Getragen von diesem Selbstbewusstsein, von Bescheidenheit und Stolz, wünschte er sich als Inschrift auf seinem Grabstein: »Man hat sich bemüht.«

Wachsendes Vertrauen in
West und Ost

Anfang September kam Henry Kissinger zu den Olympischen Spielen nach München, um mit dem Kanzler zu sprechen. Unser Verhältnis konnte fast herzlich genannt werden. Ob eine Reise zu Gesprächen nach Moskau, eine gemeinsame Reise mit Nixon nach Peking oder der Stand des amerikanischen Abzugs aus Vietnam – über alles wurden wir immer frühzeitig und korrekt ins Bild gesetzt. In München verfügten wir über keinen abhörsicheren Raum, doch die Amerikaner hatten Henrys Hotelzimmer unter großem Aufwand zu einem solchen hergerichtet. Also ging der deutsche Kanzler zum amerikanischen Sicherheitsberater. Henry weihte Brandt in die Absicht ein, in Wladiwostok zwischen Nixon und Breschnew vertraglich zu vereinbaren, keine Atomwaffen gegeneinander einzusetzen, also ihre Territorien zu verschonen. Das gelte nicht für China, den Nahen Osten und Europa. Brandt und ich hatten schon länger angenommen, dass das vitale Interesse der beiden Supermächte, ihre Sanktuarien unantastbar zu machen, also möglichst zu überleben, Europa im Ernstfall zu einem Exerzierplatz für kleine Atomwaffen machen würde. Jetzt sollte dieses Szenario Vertrag werden, um die große atomare Gefahr zu verringern, was sich durchaus positiv für Europa auswirken konnte.

Henry wollte die Reaktion des deutschen Kanzlers testen. Brandt äußerte sich positiv, sofern die NATO-Verpflichtungen unangetastet blieben. Er wies auf seinen Standpunkt hin, dass friedliche Koexistenz die einzige Chance des Überlebens sei. Für die Absicht, diese Realität in Paragraphen zu fassen, könnten die USA mit der Zustimmung der Bundesrepublik rechnen. Entspannung zwischen Washington und Moskau sei gut für Deutschland. Die Vertraulichkeit wurde gewahrt. Selbst in den »Kanal-Mitteilungen« wurde das zwischen Kissinger und Brandt besprochene Thema nie genannt, sondern stets auf die »nur für den Kanzler bestimmte Sache« Bezug genommen.

Angesichts dieser Dimensionen erschienen die deutsch-deutschen Angelegenheiten winzig, was sie für uns natürlich nicht waren. Brandt blieb in München, als der »Schwarze September« mit dem Anschlag gegen die israelische Mannschaft die heiteren Spiele beendete. Gemeinsam mit Bundespräsident Heinemann entschied er, sie fortzusetzen.

In Bonn bekam ich eine persönliche Mitteilung Honeckers. Er regte an, trotz aller Schwierigkeiten unsere Verhandlungen zügig weiterzuführen, und bekundete seine Bereitschaft zu einem weiteren persönlichen Gespräch. Zeit zur Abstimmung mit Brandt gab es nicht. Also flog ich nach Berlin und schrieb unterwegs stenographisch fünf Punkte auf, die ich Honecker als Mitteilung des Kanzlers vortrug. Als ich Willy am nächsten Abend in München vorlas, was in seinem Namen verkündet worden war, lachte er: »Gott sei Dank, dass du das gemacht hast. Ich wäre nicht so scharf gewesen.«

Es wurde eine Verhandlung unter vier Augen über wesentliche Punkte, die den Abschluss des Grundlagenvertrags zwei Monate später erleichterten. Als interessante emanzipatorische Geste des Landsmanns empfand ich seine Bemerkung, er würde die Luftkorridore respektieren und wir könnten später ein deutsch-deutsches Luftfahrtabkommen schließen. Daran hatte ich auch schon gedacht. Die Sache scheiterte nicht an der DDR, auch nicht an Gromyko, sondern an den Luftattachés der drei Westmächte, die unser Vorhaben im Interesse ihrer Monopolgesellschaften brüsk ablehnten.

Zu keinem Thema äußerte sich Honecker ausführlicher und facettenreicher als zur Nation. »Kein Vertrag wird unterschrieben werden, in dem das Wort ›Einheit der Nation‹ oder ›Wiedervereinigung‹ vorkommt«, erklärte er. Keiner unserer Verbündeten sei für die Einheit Deutschlands. Sie würden auf beiden Seiten »alle Hände hochheben, wenn sie das Wort nur hören«. Beide Staaten zusammen seien wirtschaftlich zu stark. Dann kündigte er an, »alle Einrichtungen abzubauen, die sich bisher in die inneren Angelegenheiten der BRD eingemischt haben«. Er könne das nicht in gleicher Weise von Bonn erwarten – er kannte die Grenzen, die das Grundgesetz zog –, lege aber Wert auf das Wort »Nichteinmischung«, das »zu den elementaren Grundsätzen zwischen Staaten gehört«. Das Thema »Friedensvertrag« solle man »vorläufig« aus den Verhandlungen herauslassen: »Es wird keinen Friedensvertrag geben. Das wissen wir heute schon. Vielleicht kann man das Wort zum Schluss hineinschreiben. Ich weiß es nicht.«

Honecker bewies Übersicht, Entscheidungsfähigkeit

und mehr Kompetenz als mancher unserer Oberen in Bonn. Ohne ihn wäre die innerdeutsche Annäherung nicht möglich gewesen. Sein Irrtum zu glauben, Abgrenzung und Annäherung miteinander verbinden zu können, bleibt erstaunlich. Wie er nach der Einheit behandelt wurde, ist kein Grund, stolz zu sein.

Beim Abschied trug er mir Grüße an Brandt und Wehner auf und bemerkte, im Saarland sei er Untergebener Wehners gewesen; er würde ihn gern einmal »in seinem Gebiet« treffen. In Bonn war der »Onkel« erleichtert und fand es wie Willy gut, dass wir nun durchverhandeln konnten.

Im Kabinett polterte Schmidt, er wünsche weniger Lob für Bahr; der habe als Beamter ohnehin unangemessen viel Publizität. Ich weiß nicht, ob diese Kritik der Grund für Willys überraschenden Vorschlag war, ich solle ein Bundestagsmandat anstreben: »Dein Freund Helmut hält es für nötig, dich in der Partei stärker hervorzuheben.« Außerdem könne ein Mandat nicht schaden, falls die Wahlen verlorengingen. Schmidts Bemerkung bezog sich auf das von mir angestrebte Resultat, mit dem ich Wehner überzeugt hatte, direkt zum Grundvertrag zu gehen. Die Zahl der Begegnungen mit Kohl hatte die sechzig überschritten, und ein Ende war noch nicht abzusehen.

Der Umgang in der Spitzengruppe der Koalition blieb freundschaftlich. Scheel machte in Gegenwart Ehmkes die treffende Bemerkung: »Der Kollege Ehmke löst fast alle Probleme, die er schafft.« Der Chef des Kanzleramtes, intelligent und arbeitseffizient, genoss es, die Pfeile, die dem Kanzler galten, auf sich zu ziehen. Außerdem überwachte er die Geheimdienste. Dass Horst ausgerechnet seine große Liebe zu einer Tschechin fand, war erfreulich und pikant. Er musste auch nachts erreichbar sein, was wir über mich organisierten. Wir vertrauten uns gegenseitig und verabredeten, im Falle einer (damals durchaus denkbaren) Entführung ohne Rücksicht auf den Freund vorzugehen. Meine Bewunderung für das Pensum und die Arbeitskraft von Hotte, wie wir ihn nannten, war groß. Von den gewaltigen Aufgaben, die jenseits meiner entspannungspolitischen Aktivitäten lagen, gewann ich allenfalls eine Ahnung. Die innenpolitischen Erfolge der Koalition erhielten nicht die öffentliche Aufmerksamkeit, die sie verdient hätten. Dass sich außerhalb des Kanzleramtes ein Gefühl von Neid einschlich, konnte nicht ausgeschlossen werden.

Nachdem ich mich zur Bewerbung um ein Bundestagsmandat bereit erklärt hatte, vermittelte Willy den Kontakt zu Jochen Steffen. Der Vorsitzende in Schleswig-Holstein war ein linker Demokrat bis auf die Knochen, der keinerlei kommunistisch gefärbte »Stamokap«-Tendenzen duldete, wie es sie zum Beispiel in Hamburg gab. Sein Wort »Solch einen Eierkopf können wir brauchen« genügte, um mich an die Spitze der Landesliste zu wählen. Nun kam zu allen weiterlaufenden Verhandlungen und Terminen jeden Montag der Besuch im Wahlkreis hoch im Norden. Ich war dankbar für das Verständnis, das der linke Landesverband für mich und meine Bonner Aufgaben aufbrachte, die durchaus nicht immer linken Positionen entsprachen. Der »rote Jochen« erklärte mir, dass die friedliche Nutzung der Kernkraft endlich die Perspektive eröffne, alle Energieprobleme sauber zu lösen. In dieser Hinsicht marschierten wir an der Spitze des Fortschritts. So gewann ich eine Lehre bis in die Gegenwart: Die Politik folgt der Wissenschaft, auch dann, wenn sie neue Gefahren entdeckt, etwa bei der Entsorgung strahlenden Mülls oder nach Tschernobyl und Fukushima. Mit den erneuerbaren Energien wird es ähnlich sein. Der gute Vorsatz der Politik, zugleich vorsorglich und nachhaltig wirken zu wollen, erscheint naiv. Sie wird auch in Zukunft jedem neuen Durchbruch der Technik folgen. Und die Warnungen der Wissenschaft vor den Grenzen der globalen Ressourcen stoßen auf eine Politik, die eher in den Grenzen von Legislaturperioden denkt.

Auf der Zielgeraden

In unseren Verhandlungen einigten Michael Kohl und ich uns auf einen kleinen Grenzverkehr zwischen Ostsee und Böhmerwald. Ein Gebiet, das 110 Landkreise umfasste, erhielt vier neue Übergänge. Weitere vier lehnte Kohl ab: »Ich kann jetzt nicht mehr.« In Erinnerung an die erste Passierscheinregelung in Berlin hatte ich mit einem großen Andrang gerechnet. Kohl sagte zu, sich in diesem Fall sofort zu treffen und neue Übergänge zu verabreden. Meine große Enttäuschung: Der Andrang blieb aus. Meine größere Enttäuschung: Nach dem 3. Oktober 1990 gab es keine Welle der Rückkehr in die alte Heimat, bereichert durch im Westen gewonnene Erfahrungen. Als Volk haben wir Glück gehabt. Die koreanische Tragik, dass man ein Volk wirklich teilen kann, wenn es lange genug geteilt bleibt, ist uns erspart geblieben.

In der Schlussphase der Verhandlungen entschloss sich Brandt, Breschnew zu bitten, er möge die DDR dazu bewegen, uns in den prinzipiellen Fragen von Friedensvertrag und Nation entgegenzukommen. Damit es für alle Beteiligten ein Erfolg werde, müsse im Vertrag zum Ausdruck kommen, »dass es sich bei den deutschen Staaten um solche einer Nation handelt. Ohne entsprechende Formulierungen ist der Vertrag politisch nicht durchsetzbar; er würde auch durch das Verfassungsgericht für ungültig erklärt werden.« Eine so ungeschminkte Sprache war möglich geworden, weil Brandt und Breschnew sich seit ihrem zweiten Treffen im Herbst 1971 auf der Krim nähergekommen waren, Vertrauen entwickelt und einen intensiven Briefwechsel gepflegt hatten. Es blieb trotzdem ein Wagnis, das an Zumutung grenzte, so undiplomatisch vorzugehen, um über den großen Bruder Druck auf die DDR auszuüben.

Nach Tagen ohne Echo regte der Kanal an, ich sollte es direkt mit Breschnew versuchen. »Der mag dich«, hatte Willy schon auf der Krim geäußert. Wir gingen davon aus, dass die DDR von meinem Besuch erfahren würde, weil ich einen Verhandlungstermin mit Kohl absagen musste, was sich auf die Schlussrunde bis zur Paraphierung negativ auswirken konnte. Willy entschied, das Risiko einzugehen.

In Moskau ergaben stundenlange Gespräche mit Gromyko keine Bewegung. Am nächsten Morgen, es war der 10. Oktober 1972, begrüßte mich Breschnew herzlich. »Ich spreche mit Ihnen wie mit dem Kanzler.« Er begann mit »unamtlichen« Anekdoten. Mit den Pointen der Stichworte »vier Frauen«, »die Geschichte mit der Logik« und »der Siebzigjährige«, die ich mir notiert hatte, konnte ich Willy später amüsieren; inzwischen habe ich sie längst vergessen. Zu den Kernpunkten unserer Verhandlungen erklärte er, sie seien sehr kompliziert und erforderten ernsthafte Erwägungen. Er entspannte sich erst, als ich meine Pfeifentasche öffnete, um meine Pfeife zu stopfen, und er sah, dass darin kein Bandgerät lief. Dann zog er ein Etui aus der Tasche, zündete sich eine Zigarette an und beklagte sich über die Ärzte, die dafür gesorgt hätten, dass sich das Etui nur alle dreißig Minuten öffnen ließe. Er erkundigte sich nach dem Stand des Wahlkampfs. Nach vier Stunden beendete er das Gespräch ohne Festlegung in den beiden Punkten, derentwegen ich gekommen war. Er müsse den Schah empfangen. Welchen Einfluss er danach auf die Genossen in Ostberlin nahm, ergab sich auch nicht aus der Mitteilung an den Kanzler: »Ich bin sehr zufrieden über das Gespräch mit Herrn Bahr. Ich sprach mit ihm und hörte Ihre Stimme. Wir äußerten beide manchmal verschiedene Standpunkte, aber das ist kein Grund, enttäuscht zu sein … Wir sind bereit, alles Mögliche zu tun, um zu helfen.«

Nach meinem Bericht kamen Willy und ich zu dem Ergebnis, Honecker habe zu Recht darauf hingewiesen, dass niemand wisse, ob und wann es einen Friedensvertrag geben würde. Die Annahme des Briefes zur Deutschen Einheit, den wir bei der Unterzeichnung des Moskauer Vertrages übergeben hatten, würde auch gegenüber der DDR reichen. Eine kleine Kabinettsrunde erörterte die Frage der Einbeziehung der Nation. Nur Wehner äußerte: »Daran darf es nicht scheitern.« Aber er war für mich nicht weisungsberechtigt.

In der nächsten, möglicherweise letzten Sitzung erklärte ich Kohl, ohne Bezug auf die Nation zumindest in der Präambel könne ich nicht paraphieren. Er unterbrach und kam nach einer halben Stunde mit der Entscheidung Honeckers zurück, wir könnten nach meinem Vorschlag formulieren. Unsere Paraphen beendeten die Verhandlungen. Die beiden Regierungen konnten nun prüfen, um dann ihre Zustimmung zur Unterzeichnung zu geben.

Die Paraphierung erfolgte am 8. November, zeitgleich

mit der Veröffentlichung des Vertragstextes. Die Bevölkerung sollte durch die Wahl am 19. November auch über den Grundlagenvertrag entscheiden; eine neue Regierung sollte frei sein, neu oder gar nicht zu verhandeln.

Nach der Paraphierung empfing der Bundeskanzler Michael Kohl. Wir alle saßen fast ungläubig im Kanzlerbungalow und waren zu müde, um uns darüber zu freuen, dass die große Sache wirklich geschafft war. Der Wahlerfolg ermöglichte dann die Vertragsunterzeichnung am 21. Dezember. Schon vor der Unterschrift hatten wir vereinbart, dass wir den Antrag der DDR unterstützen würden, in Paris Mitglied der UNESCO zu werden, was noch zwei Wochen zuvor undenkbar gewesen wäre.

Der größte Wahlerfolg in der Geschichte der SPD machte sie zur stärksten Partei im Bundestag. »Willy wählen!« war das wertvollste Argument gewesen. Wann würde man je wieder plakatieren: »Deutsche, wir können stolz sein auf unser Land«? Es war der Gipfel, auf dem sich niemand häuslich niederlassen kann.

Willy dankte fast feierlich für den Grundlagenvertrag. »Das ist dein Kind. Du hast es verdient, deinen Vertrag auch zu unterschreiben.« Er wiederholte das Angebot, Ehmkes Aufgabe im Kanzleramt zu übernehmen. Als ich erneut ablehnte, sagte er: »Jedenfalls solltest du dein Bundestagsmandat annehmen.« Dann genehmigte er mir einen kurzen Urlaub in Sierra Leone. Bei der Rückkehr überraschte er mich gespielt fröhlich, die Koalition hätte Werner Maihofer und mich zu Bundesministern für besondere Aufgaben ernannt. Horst Grabert würde als Staatssekretär dem Kanzleramt vorstehen. Der war als

Bundessenator mit Berliner wie Bonner Problemen vertraut, menschlich angenehm, klug und, gemessen an Ehmke, der das Ressort Forschung und Technologie übernahm, leise.

Mit schlechtem Gewissen wegen des Urlaubs fand ich den Freund erschöpft von den Strapazen des Jahres. Er krächzte, er müsse sich die Stimmbänder schälen lassen und freue sich auf die Vollnarkose und die beiden Wochen ohne Stimme, die ihm den Ärger um die Kabinettsbildung ersparen würden. Praktisch hatte er lediglich den Kanzleramtsbereich geregelt. Doch er hatte Wehner eine lange Aufzeichnung über seine Vorstellungen zur Kabinettsbildung gegeben, um dann feststellen zu müssen, dass dieser sie in seiner Aktentasche »vergessen« hatte. So entschied die Koalition ohne Berücksichtigung von Brandts Wünschen über Zuschnitt und Besetzung des neuen Kabinetts. Das war kein Staatsstreich, aber gewiss ein Streich gegen den Bundeskanzler. Später erzählte er, während des Sprech- und Rauchverbots nach der Operation habe er täglich zwei Fehler gemacht, ohne es verhindern zu können. Ich solle jedenfalls nicht plötzlich das Rauchen einstellen. Das war ernst gesagt und gemeint. Das Schicksalsjahr entließ den Freund ausgebrannt und schwach.

Zäher Neustart

Für das neue Jahr formulierte Walter Scheel das allgemeine Gefühl: »Herr Bundeskanzler, das Jahr '73 sollte mehr Erholung als Neues bringen. Vor allem sollten wir uns Zeit nehmen, der Bevölkerung alles zu erklären, was wir gemacht haben.« Ein sehr guter Rat, denn selbst in der eigenen Partei spürte man, dass der Geist der Entspannungspolitik und der Ostverträge nicht im allgemeinen Bewusstsein angekommen war. Beim geringsten Gegenwind zeigten sich Unsicherheiten.

Der Jahreswechsel hatte dem Freund nicht gereicht, um sich zu erholen. Der Schwung war weg, mit dem er an der ersten Regierungserklärung 1969 gearbeitet hatte. Die zweite wurde aus den Entwürfen der Ministerien zusammengestückelt. Das konnte auch die Bereicherung durch den neuen Redenschreiber nicht ändern. Klaus Harpprecht, dessen hinreißende Thomas-Mann-Biographie ich später verschlang, war mit der Literatur vertrauter als mit der Politik. Sein Vorschlag, das Wort »compassion« zu einem tragenden Begriff zu machen, gefiel Willy. Ich empfand das als Schwäche gegenüber einer Art von Bildung, die ihm sein Lebensweg vorenthalten hatte. Was sollte ein englisches Wort, für das es im Deutschen keine treffende Übersetzung gibt, in der Regierungserklärung des deutschen Kanzlers? Aber Willy beharrte und wollte darüber nicht streiten. Ich auch nicht. Das war der lahme Geist, der an die Stelle des Gestaltungsrausches getreten war.

Mit leichter Verspätung holen auch mich die Strapazen von drei Jahren voller Verhandlungen ein. Anfang März 1973 fühlte ich mich matt und ging zum Arzt. Der wollte mich gleich dabehalten. Ich wollte aber am nächsten Tag nach Paris fahren. Wenn ich sterben wolle, hätte er nichts dagegen. Mein Adrenalin sei fast aufgebraucht. Neudeutsch heißt das Burnout. Vier Wochen lag ich fest. Körper und Kopf schalteten um auf eine nie erlebte Gleichgültigkeit gegenüber allem und jedem. Ich vermisse weder Zeitungen noch Radio oder Fernsehen, nicht einmal einen Anruf von Willy. Nach vier Wochen stand ich taumelnd auf, wurde in ein Sanatorium am Tegernsee verlegt und versuchte besorgt, meine Artikulationsfähigkeit wiederherzustellen. Fürsorglich erkundigte sich Willy, welche Fortschritte die Genesung mache. Für einen unerwarteten Besuch von Hans-Jochen Vogel bin ich immer dankbar geblieben.

Der Mai hellte die Stimmung auf. Breschnew gab bei seinem ersten Besuch in der Bundesrepublik Rut im Garten der Kanzler-Residenz einen nicht enden wollenden Handkuss. Die gegenseitige Sympathie war unverkennbar. Das Auswärtige Amt hatte die einundzwanzig Salutschüsse für den Gast abgelehnt, die er in Paris erhalten hatte, weil Breschnew kein Staatsoberhaupt sei. Das Protokoll hatte am Ende aber nichts dagegen, dass er Dokumente unterschrieb, die er eigentlich »für die Regierung der Sowjetunion« gar nicht hätte unterschreiben dürfen.

Generalsekretär und Kanzler hatten Gromyko und mich beauftragt, das Kommuniqué vorzubereiten. Dabei kam es zu einem richtigen Zusammenstoß. Gromyko erklärte, über Berlin hätten die Vier Mächte entschieden. Die Bundesrepublik habe damit nichts zu tun, und es gehöre auch nicht ins Kommuniqué dieses Besuchs. Meine Antwort: »Ohne Berlin wird es kein Kommuniqué geben«, erzeugte eisiges Schweigen, bis Falin die Situation rettete, indem er anregte, er könne es ja mit mir versuchen. Das grummelnde Einverständnis hatte dann das eigentlich lächerliche Ergebnis der »strikten Einhaltung und vollen Anwendung« des Vier-Mächte-Abkommens. Alle waren am nächsten Morgen damit einverstanden, und ich bekam eine Vorstellung davon, was ein salomonisches Urteil ist.

Am Abend gab Brandt in seiner Residenz ein Essen für beide Delegationen. Es wurde ganz still, als der Generalsekretär, im Krieg Politkommissar der Roten Armee, und der Oberleutnant der Wehrmacht Helmut Schmidt von den Kämpfen und einer Feuerpause in Russland berichteten und sich herausstellte, dass sie sich am gleichen Frontabschnitt gegenübergelegen hatten. Die Bewegung war Leonid Iljitsch anzusehen. Keine zwei Völker haben sich tiefere Wunden geschlagen. Furcht und Achtung haben sich erhalten.

Beim Abschied auf dem Flughafen legte Breschnew seinen Arm um meine Schulter und fragte, warum ich so unzufrieden aussehe. Die Gespräche über die europäische Sicherheit seien unzulänglich gewesen, erwiderte ich. Er bestätigte das; aber ich solle nicht so pessimistisch sein. Alles werde gut werden.

Vier Tage später stellte die bayerische Landesregierung beim Bundesverfassungsgericht den Antrag auf Einstweilige Verfügung gegen den Grundlagenvertrag mit dem Ziel, ihn zu verbieten. In der mündlichen Verhandlung in Karlsruhe wurde ich erst ruhig, als Kopf und Zunge wieder wie gewohnt parierten. Nach der einstimmigen Entscheidung gegen Bayern traten dann endlich alle Verträge in Kraft.

Seit Ende der fünfziger Jahre hatte sich die Praxis entwickelt, über Anwälte und mit Hilfe der Evangelischen Kirche Ausreisewillige in der Bundesrepublik aufzunehmen und die DDR mit Geld zu entschädigen. Keine der beiden Regierungen war darauf stolz. Die westdeutschen Medien waren informiert, berichteten aber im Interesse des »Freikaufs« zwanzig Jahre lang nicht darüber. Abgewickelt wurden diese Fälle über Wolfgang Vogel, den Vertrauensanwalt der DDR.

Im Gespräch am Rande der Unterzeichnung des Grundlagenvertrages hatte mir der DDR-Außenminister erklärt: »Mit dem Anwaltskanal kann man aufhören. Es gibt ja künftig konsularische Abteilungen.« Das entsprach meiner Auffassung. Stattdessen stellte Ostberlin als unerwartetes Neujahrsgeschenk alle Ausreisen ein und schuf damit die »Kofferfälle« – Menschen, die auf die bereits genehmigte Ausreise warteten. Ich hatte zwar davor gewarnt, sich der Euphorie der deutsch-deutschen Flitterwochen hinzugeben, aber nicht damit gerechnet, dass der graue Alltag so schnell beginnen würde.

Von Brandt autorisiert, hatte ich gegenüber Kohl diese für beide Seiten unwürdige Praxis angesprochen. Diese Art von Menschenhandel müsse beendet und auf die zwischen Staaten übliche Ebene gehoben werden, unter Wahrung der beiderseitigen Interessen. Kohl hatte dafür keine Kompetenz und schlug nach Rücksprache in Berlin vor, das Politbüro-Mitglied Paul Verner würde mich empfangen. Nachdem ich Verner meine Vorstellungen dargelegt hatte, erklärte er sich für überzeugt. Ich könne das dem Bundeskanzler berichten. Die Einzelheiten würde Kohl mit mir vereinbaren.

In Bonn gratulierte der Chef fröhlich zu dem Erfolg. Als er Wehner, der später dazukam, von der guten Nachricht unterrichtete, explodierte der: Das sei schrecklich. Er prophezeite Stillstand. Alles würde blockiert, und die »Kofferfälle« würden zunehmen. Noch zwei Tage später bestätigte Kohl, er könne die Einzelheiten mit mir verhandeln, »entsprechend Ihrem Gespräch mit dem Genossen Verner«. Willy: »Na also. Es geht doch!« Erst einen Tag vor unserem Termin sagte Kohl ohne Begründung ab. Wehner hatte nur wenige Tage gebraucht, um die drohende Übereinkunft zu torpedieren.

Die Routine lief weiter. Ich hatte das Gebäude unserer neu zu schaffenden Ständigen Vertretung in der Hannoverschen Straße ausgesucht und Günter Gaus überredet, dort als stilbildender Eisbrecher zu amtieren. Das gelang allerdings erst, als Willy ihm versicherte, wie wichtig die Aufgabe und sein Rat im Kanzleramt sein würden. Aus Ostberlin hörten wir, dass Gromyko die Verhandlungen über die Einrichtung der Ständigen Vertretung behinderte. Moskaus Intervention kostete uns eine Verzögerung von einem Jahr und zeigte, dass die DDR selbst in einer so winzigen Frage nicht souverän war. Wir mussten aber weiterhin so tun, als wäre sie es.

Wehner

Zur Vorgeschichte gehört ein Gespräch zwischen Brandt, Wehner und mir. Die Kofferfälle waren auch während meines Arbeitsausfalls nicht gelöst worden. Wehner berichtete von einer kurzfristigen Einladung Honeckers, um die Ausreisefrage zu erörtern. Er habe daran gedacht, Wolfgang Mischnick (Dresdner wie er) mitzunehmen, den Fraktionsvorsitzenden der FDP, um das politische Risiko zu begrenzen. Er habe die Sorge, dass da leicht ein Unfall zu organisieren sei. Ich äußerte, wenn ihn die Nummer eins einlade, sei er so sicher wie in Abrahams Schoß. Seine erschreckende Reaktion mit gehobener und abgehackter Stimme: »Das versteht ihr nicht! Da gibt es Sachen, die nicht zu vergessen und nicht zu vergeben sind.« Das war ungespielte physische Angst. Wir besprachen dann alle technischen Vorbereitungen und waren so arglos, nicht zu beachten, dass die Einladung an Mischnick von seinem liberaldemokratischen Kollegen aus Ostberlin rechtzeitig organisiert worden war. Auch Willy hatte das »ihr« registriert. Das waren die sozialdemokratischen Naivlinge gegenüber den Kommunisten. »Mit ›ihr‹ hat er auch dich gemeint«, resümierte Willy, »und die Distanz zu uns.«

Die Kofferfälle wurden gelöst. Wehner hatte das am 30. Mai im Vier-Augen-Gespräch mit Honecker vereinbart, der Stasi-Chef Erich Mielke sofort anwies, die Ausreisesperre aufzuheben. Mischnick wurde erst einen Tag später einbezogen. Einen Bericht, was sonst noch besprochen wurde, erhielten wir nicht. Die offiziellen Verhandlungen mit Kohl zeigten jedenfalls keinerlei Veränderung. Aber im Sommer kamen über den Kanal aus Moskau mehrfach Hinweise, dass Wehner bei seinen DDR-Kontakten kritische und abfällige Bemerkungen über Brandt gemacht habe. Brandt ließ für diese Information seinen Dank übermitteln. Unsere Arglosigkeit war und bleibt unentschuldbar.

Während der Großen Koalition hatte Wehner als Bundesminister für gesamtdeutsche Fragen das Thema »menschliche Erleichterungen«, also die über Anwalt Wolfgang Vogel abgewickelten bezahlten Ausreisen, betreut. Mitglied der Bundesregierung zu sein, war für ihn die sichtbarste Vergebung seiner Vergangenheit durch die Union gewesen. Diese Versöhnung war zu Ende, als er 1969 Fraktionsvorsitzender der SPD in der sozialliberalen Koalition wurde. Die Zuständigkeit für Ausreisen blieb im Ministerium, so dass er hinfort für den gesamten Komplex keine Rolle mehr spielte.

Ende Oktober 1973 fuhr Wehner mit einer Bundestagsdelegation nach Moskau – ein spätes Geschenk der Brandt'schen Entspannungspolitik. Wir waren uns im Kanzleramt einig, dass diese Reise dem »Onkel« helfen würde, sich mit seiner Vergangenheit auszusöhnen. Sie gipfelte in dem Besuch bei seinem alten Chef, Boris Ponomarjow. Dort muss er sich noch schlimmer als gegenüber den Journalisten geäußert haben, denn der Kanal meldete: »Das ist ein Verräter.« Die Agenturen hatten getickert: »Brandt führt nicht. Der Herr badet gerne lau. Der Regierung fehlt ein Kopf.« Brandt erhielt die Meldung ausgerechnet nach der Rede, die er anlässlich des Beitritts der Bundesrepublik zu den Vereinten Nationen in New York gehalten hatte. Er brach die Reise ab.

Willy bebte vor Wut. »Jetzt ist es genug. Er oder ich.« Horst Grabert reagierte rasch und bestellte ein Flugzeug. Er wollte Wehner in Moskau abholen, um mit ihm und seiner Rücktrittserklärung wieder in Bonn zu landen. Ich riet Willy zu einem persönlichen Gespräch mit Wehner. Er würde die Kraftprobe zwar in jedem Fall gewinnen, aber seine Energie würde für andere Fragen dringender gebraucht. Also wurde das Flugzeug abbestellt. Das Gespräch endete mit der persönlichen Bitte Wehners: »Lass es uns noch mal versuchen.« Bis heute belastet mich die später gefestigte Erkenntnis, dem Freund einen falschen Rat gegeben zu haben. Einen Vorwurf hat mir Willy nie gemacht.

*

Willy Brandt war für mich ein guter Mensch, der ein Beispiel dafür bleibt, dass Politik den Charakter nicht verderben muss. Herbert Wehner war ein machtorientierter Mensch, den das Gewissen nicht drückte, wenn er Menschen wie Schachfiguren verschob. Brandt verschmolz seine persönlichen Fähigkeiten mit seinen visionären politischen Vorstellungen für die Veränderung der Gesellschaft. Wehner manipulierte in gigantischer Selbstüberschätzung, um seine Position zu festigen und das durchzusetzen, was er für nötig befand. Der eine fühlte sich stark im Dienst für sein Volk. Der andere, beladen mit seiner Vergangenheit, konnte seine Überlegenheit nur aus der zweiten Reihe und ohne die Würde eines Amtes erhalten. Brandt beneidete niemanden, es sei denn um seine akademische Bildung. Wehner beneidete Brandt, der lachen und zeigen konnte, dass Politik nicht nur ernst und brutal sein muss. Für Brandt war Wehner unheimlich, aber nicht bedrohlich. Für Wehner war Brandt schwach.

Die charakterlichen und biographischen Unterschiede dieser beiden Führungspersönlichkeiten waren so groß, dass sie unausweichlich wie in einem Shakespeare'schen Drama aufeinanderstoßen mussten. In Demokratien stirbt man nicht durch Gift oder Dolch. Aber es gibt Sieger und Verlierer. Zunächst siegte Wehner, weil Brandt dessen abgrundtiefe Ruchlosigkeit für unvorstellbar hielt. Dann ging Wehner zugrunde, als ihm seine stärkste Waffe, das Gehirn, langsam und grausam nicht mehr gehorchte.

Im Oktober 1973 hatte Willy der halbherzigen Entschuldigung Wehners für seinen Moskau-Auftritt vertraut und war auf seine Bitte eingegangen, es noch einmal miteinander zu versuchen. Nur sechs Wochen später brach Wehner sein Versprechen und schrieb Papiere, in denen er deutschlandpolitische Vorschläge für Honecker formulierte. Sie stellten seinen persönlichen Grundlagenvertrag mit der Nummer eins der DDR dar und verlegten das politische Zentrum aus dem Kanzleramt auf die künftige Entscheidungsebene Wehner/Honecker. Die damit verbundenen Beleidigungen Brandts hat der Freund nie erfahren. Ihm blieb auch das Wissen erspart, dass Wehner sich in die Hand Honeckers begab, indem er seine Niederschrift sein »politisches Testament« nannte, weil »mein Schicksal als politisch im Vordergrund wirkender Mann von anderen besiegelt« werden könnte, falls sie das Papier entsprechend verwendeten.

In den »Gedanken« genannten Aufzeichnungen kommt Brandt gar nicht mehr vor. Und in der gekürzten Zusammenstellung, die Wehner 1974 für Helmut Schmidt anfertigte, fehlt die Bezeichnung »politisches Testament«. Das Ganze war ein fast bewundernswertes Kunstwerk der Intrige, mit dem sich Wehner dem neuen Bundeskanzler als Mann präsentierte, der alle Fäden in der Hand hält. Allerdings konnte Schmidt dem auch entnehmen, dass Wehner Brandt mehrfach hintergangen und über Kontakte zu Honecker nicht informiert hatte. Damit begab Wehner sich auch in die Hand Schmidts und festigte so die Bindungen zum neuen Kanzler. Der ganze Vorgang war erst zu erfahren, nachdem Greta Wehner, seine Stieftochter und spätere Frau, die Dokumente zwanzig Jahre später veröffentlicht hatte. Ohne Kenntnis davon hatten Brandt und ich mehrfach darüber gesprochen, wann und wie begonnen hatte, was als eine Art Hochverrat endete. Für uns gab es den »Onkel« nicht mehr.

Schon als Journalist in Bonn hatte ich Wehner näher kennengelernt. Er überreichte mir damals ein Exemplar seiner »Beichte« zum Moskauer Exil, die er auch Kurt Schumacher gegeben hatte. Der als Kommunistenfresser bekannte SPD-Vorsitzende hatte den ehemaligen KPD- und Komintern-Funktionär damals von dem Verdacht freigesprochen, noch immer heimlich den alten Überzeugungen anzuhängen. Auch über fünfzig Jahre später kann ich mir nicht erklären, was Wehner sich davon versprach, mir seine Bekenntnisse zu übergeben. Womöglich glaubte er, ich stünde im Dienste der Amerikaner und würde die Schrift weitergeben, um ihn bei meinen Auftraggebern zu entlasten. Falls er so dachte, spräche das nicht für seine Menschenkenntnis.

Brandt und ich schlossen nicht aus, dass Wehner, selbst vom Tode bedroht, in Moskau Menschen ans Messer geliefert hatte. Wir waren uns einig: Nur wer bereit ist, in einer solchen Situation den Weg des Märtyrers zu gehen, hat das Recht, jemanden wie Wehner zu kritisieren. Außerdem vertrauten wir Schumachers Urteil, dass Wehners Wandel zum Sozialdemokraten glaubwürdig war.

In Berlin hatte Brandt bereits 1960 von dem Beginn seiner inneren Distanz zu Wehner erzählt. Der hatte ihm mit Blick auf den erfolglosen SPD-Vorsitzenden Erich Ollenhauer erklärt: »Der muss weg.« Falls Wehner das als Test für Brandts Machtwillen verstanden hatte, hieß das Ergebnis: Er ist zu weich. Meine Bemerkung, Wehner handle nach seinem Kalkül, »wie er's gelernt hat«, erfuhr die Rüge, ich solle nicht so vorlaut sein.

Mit seiner Bundestagsrede vom 30. Juni 1960 hatte Wehner die SPD auf den Boden der von Adenauer geschlossenen Verträge gestellt. Brandt fand das unerhört, denn »es entspricht nicht der Beschlusslage der Partei«. Der ein Jahr zuvor verabschiedete »Deutschlandplan« war Makulatur geworden. »Noch schlimmer: Er hat nicht mit mir darüber gesprochen.« Das SPD-Präsidium hatte in der Tat nicht über diesen weitreichenden Schritt beraten. »Am schlimmsten: Er hat recht.« Mit dieser epochemachenden Rede hatte Wehner die Voraussetzungen für die Große Koalition geschaffen. Sie bewies, dass die SPD nicht nur auf Länderebene regierungsfähig war. Darüber hinaus hat er nie eigene Konzeptionen entwickelt, weder zur deutschen Einheit noch zu anderen Fragen von Bedeutung.

Wehner hatte geführt, und Brandt war gefolgt. Das sollte ihm nicht noch einmal passieren. Seinem späteren Zugriff aufs Kanzleramt fügte sich Wehner. Die neue Koalition empfand Brandt als Befreiung von ihm. Wehner dürfte sie als Verlust von Ansehen und Einfluss gesehen haben. Ich glaube nicht, dass er Willy diese Niederlage je vergaß. Es spricht für eine gewisse Lethargie, wenn Brandt hinnahm, dass die Regieanweisungen für sein zweites Kabinett in der Aktentasche Wehners »vergessen« wurden und auch Helmut Schmidt nie erreichten, für den sie ebenfalls bestimmt waren.

Brandt und ich waren uns einig: Vor Abschluss des Grundlagenvertrags konnte es noch keinen operativen Kontakt Wehners zu Honecker gegeben haben. Der hätte mich desavouieren können. Auch ohne die »Nation« in der Präambel, die Honecker so schwergefallen war, hätte es den Vertrag gegeben. Gleiches gilt für die Ausreisen. Vor Wehners erstem Treffen mit Honecker war kein operativer Einfluss spürbar. Erst danach arbeitete er mit der anderen Seite – nicht für sie, sondern für sich. Sein Konzept lief darauf hinaus, mit Honecker dafür zu sorgen, dass die deutsche Teilung unbegrenzt erhalten blieb. Insgesamt lautete die Schlussfolgerung: Wehners erste Begegnung mit Honecker am 30. Mai 1973 war der Anfang dessen, was sich zwischen den beiden bis zum Rücktritt Brandts hinter seinem Rücken abspielte.

Es bleibt erstaunlich, wie wenig die mehrfachen Hinweise aus Moskau auf negative Äußerungen Wehners über Brandt bei uns auslösten. Das musste in kommunistischer Denkart nach einem Machtkampf um die Spitze in Bonn aussehen. »Da ist wohl zunächst nichts zu machen«, befand Brandt. Hans-Jürgen Wischnewski erzählte mir, er sei in einer Berliner Wohnung Wehners Ohrenzeuge eines Anrufs von Honecker geworden, und zeigte sich besorgt: »Du, nach dem, wie der Onkel gesprochen hat, weiß ich nicht, wo dessen Loyalität liegt.«

*

Den Herbst empfand ich als mühsam und unerfreulich. Für das neue Umweltbundesamt hatte der Innenminister an eine Reihe von Städten, aber nicht an Berlin gedacht. Eingedenk der »strikten Einhaltung und vollen Anwendung« des Vier-Mächte-Abkommens wollte ich dieses Amt nach Berlin bringen. Voraussetzung war natürlich die vorherige Abstimmung mit Moskau und Ostberlin. Ich hatte nicht bedacht, dass Genscher unseren entsprechenden Kabinettsbeschluss sofort öffentlich verkünden würde. Wie vorauszusehen, reagierte Ostberlin mit flammender Empörung. Moskau war zurückhaltender. Breschnew ließ verständnisvoll ausrichten: »Etwas zu früher Vorschuss.« Angesichts der zeitgleichen rücksichtslosen Durchsetzung der ÖTV-Forderung nach einer zweistelligen Lohnerhöhung murmelte Brandt: »Von Moskau, sogar aus Ostberlin kann man mehr Unterstützung bekommen als von den eigenen Leuten.« Aber er kämpfte nicht wirklich. Das Bundesamt kam trotzdem nach Berlin. Doch es machte keinen Spaß mehr.

Eine erfreuliche Aufhellung brachte die schnelle Entscheidung des Kanzlers, Alexander Solschenizyn aufzunehmen, ungeachtet der sowjetischen Ankündigung, ihm dann die Staatsbürgerschaft abzuerkennen. Wir machten uns einen Spaß, ihn ähnlich wie die Russen ohne Formalitäten und Kontrollen direkt am Flughafen abzuholen und zu Heinrich Böll zu fahren. Die Botschaft besorgte dann den Transport seiner Unterlagen, ohne die er nicht arbeitsfähig gewesen wäre.

Die erste Ölpreisexplosion überraschte. Im Kabinett war Willy so unvorsichtig, den Wirtschaftsminister Hans Friderichs zu fragen, wie eigentlich der Ölpreis zustande komme. Der wiederum war so unvorsichtig zu antworten, das wisse er nicht, aber er werde in der nächsten Sitzung berichten. Dann gestand er, das sei Sache der Ölmultis und undurchsichtig. Ich war so unvorsichtig anzukündigen, das sei kein Problem, ich würde Kissinger anrufen. Der antwortete, er werde in wenigen Tagen Bescheid sagen. Das Ergebnis entsprach der Erkenntnis unseres Wirtschaftsministers. Nicht einmal die amerikanische Regierung hatte bei der globalen Verwaltung eines globalen Rohstoffs durch global agierende Konzerne den Durchblick. Es imponierte, dass die deutsche Regierung innerhalb von drei Wochen Gesetze änderte und vier autofreie Sonntage anordnete. Die Macht der multinationalen Gesellschaften warf die Frage nach der Gegenmacht auf. Sie ist auch vierzig Jahre später nicht beantwortet.

Unsere Situation fasste der *Spiegel* im Dezember 1973 deprimierend, aber treffend mit einer Titelstory zusammen: »Das Monument bröckelt«. Froh über das nahe Ende dieses unerfreulichen Jahres fragte ich Brandt nach seinem sechzigsten Geburtstag, wie er sich fühle. Vertraulich lächelnd antwortete er: »Nichts Entscheidendes hat sich geändert.«

Der Absturz

Entschlossen zu einem neuen Start kehrte der Chef am 24. April 1974 von einer Ägyptenreise und einem Besuch bei Staatspräsident Anwar as-Sadat zurück. Während des Fluges war das Revirement des Kabinetts besprochen worden. Seine Kraft war wieder da für Pläne bis ins nächste Wahljahr 1976. Beim Anflug auf den Köln-Bonner Flughafen schüttelte Brandt den Kopf über den »großen Bahnhof«, der uns erwartete: »So groß war unser Erfolg doch gar nicht.«

Innenminister Genscher begrüßte ihn mit der Mitteilung: »Heute früh haben wir Guillaume verhaftet. Er hat schon gestanden.« Ich erfuhr die Neuigkeit von Kanzleramtschef Grabert und erinnerte mich sofort an den Zettel, den ich seinem Vorgänger Ehmke auf dessen Bitte um Stellungnahme geschrieben hatte, ob er einen von Georg Leber und Herbert Ehrenberg empfohlenen Mann namens Günter Guillaume einstellen sollte, obwohl er aus der DDR gekommen sei. Auf meinen negativen Rat: »Auch wenn man dem Mann vielleicht unrecht tut, ist das Kanzleramt zu empfindlich«, hatte ich keine Antwort erhalten. Wenige Tage vor dem Ende der Verhandlungen über den Grundlagenvertrag hatte sich Guillaume in meinem Büro vorgestellt. Geheimnisse gab es nicht mehr zu verraten. Mein Zettel lag, wie es sich für eine ordentliche Verwaltung gehört, bei den Akten. Als ich Ehmke darauf ansprach, erhielt ich die Antwort, aufgrund meiner Warnung hätte er Guillaume durch unsere Dienste so »durch die Mühlen drehen« lassen wie keinen Bewerber zuvor. Nachdem sich nichts Negatives ergeben habe, hätte er keinen Grund gehabt, ihn nicht einzustellen.

Wie Brandt in den folgenden Tagen seine Termine absolvierte, zeigte, wie wenig ernst er und seine Umgebung die Affäre nahmen. Wir betrachteten sie als Sensation, vielleicht als Skandal, aber nicht als bedrohlich oder als Krise. Tagelang existierte die Vokabel Rücktritt nicht. Nachdem Justizminister Gerhard Jahn ihn von Ermittlungen unterrichtet hatte, denen zufolge Guillaume ihm Frauen zugeführt habe, spottete Brandt nur: »Für wie potent halten die mich.« Selbst Ermittlungsunterlagen des Verfassungsschutzpräsidenten Günther Nollau, Vertrauter Wehners und Dresdner wie er, ließen ihn nur empört fragen, was in diesem Staat denn noch alles möglich sei. Es ging inzwischen weniger um den Spion, gegen den immer noch nichts Gerichtsrelevantes vorlag, als um die Erforschung des Privatlebens des Regierungschefs. Der konnte seine sich breitmachende Lethargie nicht überwinden und machte sich in seinen späteren »Notizen« zu dem Fall selbst Vorwürfe.

In Brandts Amtszimmer besprachen wir mit Scheel die Lage. »Herr Bundeskanzler, die Sache mit dem Spion, das reiten wir auf einer Backe ab.« Die FDP stehe zu ihm. Nun fehlte noch die zweite Backe. Ich empfahl Willy, alles davon abhängig zu machen, ob er sich der klaren Unterstützung Wehners sicher sein könne. Ohne den uneingeschränkten Rückhalt der eigenen Fraktion konnte er nicht Kanzler bleiben. Das würde sich Anfang Mai in

Münstereifel entscheiden, nach dem vorgesehenen Gespräch der SPD-Spitze mit Gewerkschaftsführern. Am Abend davor sprachen Gaus und ich mit dem Chef über die Kabinettsumbildung und die Einrichtung der Ständigen Vertretung in Ostberlin. Danach spazierten wir auf der Straße und hatten das Gefühl, ohne bestimmbare Anhaltspunkte, dass Willy zur Aufgabe neige.

Für das Gespräch der beiden Kontrahenten in Münstereifel gibt es keine Zeugen. Eine klare Unterstützung hat Brandt von Wehner nicht gehört. Dieses für ihn negative Ergebnis führte ihn in der Nacht zu dem Entschluss, zurückzutreten. Den Brief an den Bundespräsidenten schrieb er zu Hause und las ihn Rut vor. Ihre Reaktion: »Das ist richtig. Einer muss die Verantwortung tragen.« Das erste Wort am 6. Mai in seinem Amtszimmer: »Das ist vorbei.«

Am Ende einer Besprechung zwischen Brandt, Wehner und mir sagte Willy, wir sollten schon mal vorgehen zur Fraktion. Unterwegs dachte ich, ohne den wäre der Freund noch im Amt. Plötzlich berührte mich Wehner am Arm. »Wir müssen jetzt eng zusammenarbeiten. Überlege, es geht um unsere Sache.« Mir kam es vor, als blickte ich in einen bodenlosen Abgrund. Wollte er mich zum Komplizen seiner Ruchlosigkeit machen? Als Willy den Fraktionssaal betrat, begrüßte ihn Wehner mit dem obligaten Blumenstrauß und schrie in den Saal: »Wir alle lieben ihn.« Ich konnte meine Tränen nicht zurückhalten über diese Gemeinheit und Heuchelei. Erst zwanzig Jahre später erfuhr ich, welche Lügen und Verleumdungen Wehner bei Honecker über mich verbreitet hatte. Das hatte er bestimmt nicht vergessen, als er mich zur engen Zusammenarbeit für »unsere Sache« einlud.

Nach der Entscheidung gab es eine Reihe von Leuten, die Willy vorgeblich oder ehrlich umstimmen wollten. Ich wusste, dass eine Ära zu Ende ging. Meine Liebe zum Freund überwog die Verbundenheit mit dem Staat. Ich riet ihm, beim Rücktritt zu bleiben. Jetzt war er Herr der Entscheidung. Andernfalls würde er gejagt, vertrieben und in wenigen Wochen zerstört werden. Er würde keine Chance haben, sich zu erholen. Die Befreiung von dem, was er zwei Jahre später »Selbstkasteiung« genannt hat, stand gegen den Gedanken, Wehner habe gewonnen. Schon wenige Tage nach seinem Rücktritt nahm er sich vor, wenn irgend möglich herauszubekommen, welche Rolle Wehner wirklich gespielt hatte. Das zeigen die »Notizen zum Fall G.«.

Bereits Ende Mai begann Willy mit seinen handschriftlichen Notizen, die er später ergänzte. Sie dokumentieren auf mehr als vierzig Seiten seine Fixierung, Klarheit darüber zu gewinnen, welche Elemente zu dem unwiderruflichen Ende seiner Kanzlerschaft geführt hatten. In der Verhaftung Guillaumes sah er nur das auslösende Moment nach einer Reihe vorausgegangener Fehler. Selbstkritisch räumte er sein Versäumnis ein, die groteske Zumutung Genschers nicht zurückgewiesen zu haben, die den Bundeskanzler ein knappes Jahr vor Guillaumes Festnahme zum Lockvogel werden ließ. Den Verdacht gegen jemanden, dessen Name mit »G« anfängt, konnte er schon deshalb nicht ernst nehmen, weil ihm monatelang nichts Neues dazu berichtet wurde. Der unverständliche

Fehler der Sicherheitsbehörden, die Überwachung des Verdächtigen zu unterlassen, addierte sich mit dem Fehler Guillaumes, sich bei seiner Festnahme als »Offizier der NVA« zu offenbaren. Das Beweismaterial gegen ihn hätte für ein Verfahren nicht ausgereicht.

Der zentrale Komplex der »Notizen« umkreist den Verdacht, ob Wehner schon vor seinem Himmelfahrtstreffen mit Honecker über Guillaume informiert war, was möglich, aber nicht beweisbar ist. Ganz unwahrscheinlich muss erscheinen, dass Wehner und Honecker, die bis zur Enttarnung Guillaumes am 24. April und während der folgenden zwei Wochen bis zu Brandts Rücktritt mehrfach kommuniziert hatten, dabei den Spion nicht erwähnten. Jede Lebenserfahrung spricht dagegen. Offen ist die Frage, seit wann Genscher, Nollau und Wehner den Namen »Guillaume« kannten, ohne ihn Brandt zu nennen.

Breschnew ließ am Tag nach dem Sturz Slawa bei mir anrufen. Der Generalsekretär empfand es fast als persönliche Beleidigung, dass Honecker den Spion nach der Verbesserung der Beziehungen zwischen dem Kreml und Bonn nicht entfernt hatte. Er würde das nicht verzeihen. Er habe noch von seiner Wohnung aus auf offener Leitung Honecker beschimpft. Brandts Rücktritt sei auch für ihn ein schwerer Schlag. Er werde die europäische Politik schwieriger machen. Doch könne er sich nicht vorstellen, dass man das erworbene Kapital an Vertrauen einfach wegschmeiße. Willy antwortete in einem kurzen Brief, dass er sich in jedem Augenblick dieser bitteren Situation »Ihrer guten Gedanken bewusst« gewesen sei und man weiterhin voneinander hören werde.

Eine Woche darauf bestätigte Breschnew, »dass die neue Situation an den guten Beziehungen zwischen uns beiden nichts ändern soll«. Nachdem beide Länder eine gemeinsame Sprache für viele internationale Probleme gefunden hätten, hoffe er, dass die neue Bundesregierung von den gleichen Wertmaßstäben getragen werde. Brandt beendete den Briefwechsel fürs Erste mit der Versicherung, er werde nicht resignieren und alles tun, damit sein Nachfolger die kaum übertragbaren guten Erfahrungen selbst machen könne. Der Rücktritt »war – leider – nötig«. Dies ist die erste schriftliche Selbstbeurteilung Brandts nach dem Sturz. Seine zwischen Mai und September 1974 entstandenen »Notizen zum Fall G.« umkreisen aber auch das Gegenteil: dass der Rücktritt unnötig und objektiv vermeidbar war.

Brandt hat zeit seines Lebens die Auffassung vertreten, dass Geschichte kein zwangsläufiges Ergebnis kennt, sondern von handelnden Menschen abhängt. Dass er statt der durchaus vorhandenen Auswege die Haltung des letztverantwortlichen Bundeskanzlers wählte, konnte nur zum Rücktritt führen. Objektiv war er falsch, im Interesse des Landes unnötig und für die Geschicke Europas nicht nützlich.

Wie lange den Selbstkritischen dieses Problem beschäftigte, merkte ich, als ich Jahre später einen Brief von Markus Wolf erhielt, dem Chef der DDR-Spionage. Darin schilderte er, dass er Honecker nie Vortrag zum Problem Guillaume habe halten dürfen. Das habe sich Mielke vorbehalten. Guillaume sei für ihn, Wolf, die größte Niederlage gewesen, die er tief bedauere. Im Anschreiben überließ er mir die Entscheidung, ob ich sein Bekenntnis an Brandt weiterleite. Willys Reaktion: »Das nützt mir nun auch nichts mehr.«

Noch später – ich arbeitete schon als wissenschaftlicher Direktor am Hamburger Institut für Friedensforschung und Sicherheitspolitik – fragte Falin, der 1992 auf meine Einladung zwei Semester an dem Institut arbeitete und in einer Wohnung Augsteins untergekommen war, ob ich Markus Wolf treffen wolle. Ich wollte; schon um zu erfahren, ob Honecker von Guillaume gewusst hatte. »Das möchte ich auch wissen«, war Brandts Reaktion. Falin berichtete mir, dass von Stalin bis Gorbatschow (!) jeder Generalsekretär sich persönlich um Wege und Schicksale der Spitzenkundschafter gekümmert habe. Weil der Mielke-Apparat vom KGB gezeugt und gesäugt worden war, folgerte ich, dass Honecker log, wenn er später abstritt, von Guillaume gewusst zu haben.

Willy schloss seine »Notizen« mit der unvermittelten Hinzufügung: »Das Treffen in der Schorfheide Ende Mai 1973: Wehner, Honecker, Mischnick.« Er war auf der richtigen Fährte.

Was Wolf mir erzählte, erfuhr Brandt nicht mehr: Guillaume hatte sich auf der Rückfahrt aus Norwegen, wohin er Willy als persönlicher Referent in den Urlaub begleitet und wo er Zugang zu geheimen Unterlagen gehabt hatte, von der Reisegruppe getrennt und den Koffer mit abgelichteten Dokumenten einem Kurier übergeben. Der fühlte sich beobachtet und schmiss den Koffer in den Rhein. Von den darin befindlichen Geheimnissen erfuhren Ostberlin und der Rest der Welt erst vom Oberlandesgericht Düsseldorf im Prozess gegen den schweigsamen Spion. Ein verrückter Witz: Unwissentlicher Verrat durch ein Gericht.

*

Willy erlitt Ende 1978 einen Kreislaufkollaps und wurde ins Krankenhaus eingeliefert. Wie Rut berichtete, hatte der Befund den Arzt vermuten lassen, er habe schon im Zusammenhang mit seiner Amerikareise Anfang November einen verschleppten Infarkt erlitten. Mit Einfühlungsvermögen und Diskretion meisterte das Krankenhaus die logistischen Probleme, die sich aus der engen Freundschaft Willys zu Brigitte Seebacher ergaben. Mit ihr fuhr er anschließend nach Südfrankreich, um sich zu erholen. Dort traf ich ihn, schlanker und gebräunt. Bei einem Spaziergang gab er mir einen Brief an Rut zu lesen und bat mich, ihn ihr zu überbringen. Er wollte sich nicht scheiden lassen und erbat ihr Verständnis. Rut las, fragte, ob ich den Inhalt kenne, und erklärte nach meinem Ja unmittelbar, fest und entschieden: »Nein, ich werde mich scheiden lassen.«

Schmidt und Brandt

Zu Weihnachten 1974 schrieb mir Willy: »Dies war ein verdammt schwieriges Jahr, und Du bist einer der ganz wenigen, die in etwa wissen, was es für mich bedeutet hat – ganz weiß ich es wohl selbst noch nicht.«

Der neue Kanzler war der jüngste in der Dreierkonstellation mit Brandt und Wehner. Keiner der drei mochte die Bezeichnung Troika, und das gewiss nicht nur, weil Dreierverhältnisse schwierig sind. Jeder von ihnen war eine starke, unverwechselbare Persönlichkeit. Verbunden waren sie in der Disziplin für die Partei. Ohne die drei konnte die Macht im Land und für das Land weder erweitert noch erhalten werden.

Alle drei fühlten sich mit ihrer Vergangenheit im Reinen, obwohl Wehner und Brandt schändliche, innenpolitisch motivierte Angriffe erlebt hatten, die Schmidt vermeiden wollte. Von seinem jüdischen Großvater erfuhren wir erst durch seinen Freund Giscard d'Estaing. Der berichtete in seinen Erinnerungen von einem kurzzeitigen Kollaps, den Schmidt in Paris erlitten hatte. In der Sorge, er könne sterben, hatte er sich dem französischen Präsidenten anvertraut. Giscards Enthüllung, in die Schmidt eingewilligt hatte, blieb hierzulande ohne großes Echo. Der Kanzler konnte kein Interesse daran haben, seinen Lebenslauf mit der unseligen Geschichte des Antisemitismus in Verbindung zu bringen, die ein nicht endendes Thema zu sein scheint.

Mit Brandts Rücktritt endete 1974 die Konstellation, die Partei- und Regierungsführung in einer Person vereint hatte. Die nun getrennten Funktionen schufen unterschiedliche Verantwortung. Diesen Balanceakt mussten beide, Brandt und Schmidt, erst lernen. Der Vorsitzende konzentrierte sich auf die Partei, die mit ihrer langen Geschichte jede Regierung überleben würde. Der Bundeskanzler konzentrierte sich – auf den Kanzler kommt es an – auf die nächste Bundestagswahl. Beide hatten recht und konnten die Spannungen, die sich daraus ergaben, nicht immer austarieren.

In der Außenpolitik erwies sich das als relativ einfach. Schmidt entwickelte eigene Beziehungen zu Moskau, die seinem Stil entsprachen. Er musste seine Briefe an Breschnew selbst schreiben und mit Leo selbst reden und diskutieren. In der Folge sprach Leo mit Schmidt unvergleichlich länger als mit Brandt. Ich war völlig überrascht, als Schmidt bei einem der Treffen, bei denen ich immer anwesend war, plötzlich die Frage stellte, ob Moskau einverstanden sei, dass die Bundesrepublik einen Teil ihrer Währungsreserven von New York nach Moskau verlegen würde. Bis dahin hatte es solche unvorbereiteten Fragen an die sowjetische Spitze nicht gegeben. Das erwartete Ja beim nächsten Treffen registrierte Schmidt mit der Antwort, es sei noch nicht so weit. Unter vier Augen fragte ich ihn, ob ein solcher Schritt ohne das Einverständnis des Bundesbankpräsidenten Karl Otto Pöhl möglich wäre. Schmidt beschied, das solle nicht meine Sorge sein. Erst beim übernächsten Treffen übermittelte Leo die Frage des Generalsekretärs, was denn auf sein Ja nun zu erwarten sei. Schließlich habe er diese Frage dem Kanzler »nicht in die Zähne geschoben«. Danach wurde die Sache von beiden Seiten nicht mehr erwähnt.

Beim zweiten Besuch Breschnews in Bonn 1978 waren die körperlichen und sprachlichen Behinderungen des Gastes nicht zu übersehen und zu überhören. Er hatte die freundliche Einladung Schmidts angenommen, ihn in seinem kleinen Hamburger Privatdomizil zu besuchen. In der Unterhaltung formulierte Schmidt, er habe ihn, Breschnew, »nie betrogen«. Das war gut gemeint und zielte auf Moskauer Zweifel, ob der Kanzler neue amerikanische Raketen in Europa wirklich verhindern wolle. Aber die Vokabel »Betrug« hatte es unter Brandt nie gegeben. Die feinfühligen Russen überhörten es nicht.

Die guten Beziehungen zwischen Brandt und Breschnew »störten« nicht. Sie verliefen vertrauensvoll, zumal Willy zufrieden war, dass ich den »Kanal« für den Kanzler weiter betreute. Er hatte Schmidt darin bestärkt, mir das Entwicklungshilfeministerium zu übertragen. »Es kann ja nicht schaden, wenn da ein Erwachsener aufpasst.« Als Holger Börner im Herbst 1976 nach Wiesbaden geschickt wurde, waren sich der Parteivorsitzende und der Kanzler einig: Ich solle Bundesgeschäftsführer werden. Ungerngern parierte ich. Immerhin war es ein Beweis ihrer Erfahrung, dass sie sich auf meine Loyalität verlassen konnten. Die Aufgabe, den Wahlkampf vorzubereiten, übernahm ich für eine Legislaturperiode bis 1980. Danach könne ich mir jedes Ministerium aussuchen, versprach Schmidt. So geriet ich, Prophete rechts, Prophete links, als Weltkind in die Mitte. Als Staatsminister im Kanzleramt hatte ich

Hans-Jürgen Wischnewski empfohlen, eine wichtige Voraussetzung, um unnötige Spannungen zwischen Partei und Regierung zu verhindern, was nicht immer gelang.

In der Außenpolitik ergaben sich überall dort Reibungen oder Konflikte, wo innen- und außenpolitische Themen sich vermischten und verschiedene Interessen aufeinandertrafen. Das waren nicht zufällig die unterschiedlichen Prioritäten des Parteivorsitzenden und des Kanzlers. Hinzu kam der Faktor des Koalitionspartners. Hans-Dietrich Genscher wollte der erste Außenminister sein, der auch von der jeweiligen Opposition unterstützt wird. Auch später in der Koalition mit der Union achtete er darauf. Uns gegenüber sprach er deshalb von der notwendigen »realistischen Entspannungspolitik«, als Partner der Union betonte er später die »Kontinuität der Entspannungspolitik«.

Nach der Rückkehr des Kanzlers aus Saudi-Arabien im April 1981 wurde in kleinem Koalitionskreis erörtert, dass Schmidt sich im Wort fühle, den Saudis neben anderen Waffen auch unsere modernen Leopard-Panzer zu liefern. Genscher sagte nicht ja und nicht nein. Ich wies auf die Beschlusslage der SPD hin, die Waffenlieferungen in Spannungsgebiete ablehnte. Genscher schlug vor, die Sache zurückzustellen, bis die Freunde von der SPD das intern geklärt hätten. Ein Meisterstück: Schonend für den Kanzler wurde die Besprechung beendet und das Thema beerdigt. Genscher zeigte nicht nur eine taktische Überlegenheit gegenüber Schmidt, sondern auch eine große diplomatische Begabung, die dem Land später im Vorfeld der Einheit zugutekam. Er sprach sich früh dafür aus,

Gorbatschow zu vertrauen und zu unterstützen, was im Westen als »Genscherismus« verunglimpft wurde. Der Faktor Genscher wog schwerer als seine Partei.

In der Frage der Sicherheit ergab sich eine ähnliche Konstellation. Die Überlegenheit Schmidts in strategischen Fragen erkannte Brandt neidlos an. Als Schmidt Anfang 1979 von einem informellen Gipfeltreffen aus Guadeloupe zurückkam und in kleiner Runde den dort besprochenen NATO-Doppelbeschluss erläuterte, achtete der skeptische Parteivorsitzende darauf, dass die Vorbedingung ehrlicher Verhandlungen mit der Sowjetunion nicht vergessen werden dürfe, ehe der Kanzler die Zustimmung zur Aufstellung amerikanischer Mittelstreckenraketen auf deutschem Boden mitteilte. Es steht auf einem anderen Blatt, dass Genscher im Herbst 1982 so tat, als hätte die SPD dem Kanzler in Sachen Nachrüstung die Gefolgschaft verweigert, während er in Wirklichkeit schon mit seinem Duzfreund Helmut Kohl über die neue Koalition einig war. Schmidt hat Genscher immer als unerfreuliche Hinterlassenschaft Brandts empfunden.

Brandt konnte neben dem Parteivorsitz auch gleichzeitig Kanzler sein; Schmidt wusste, dass er als Parteivorsitzender den Laden nicht zusammenhalten konnte. Er bestätigte das in meiner Gegenwart, als Willy ihn im neuen Kanzleramt besuchte. Seine Brandt zugetragenen Mäkeleien über dessen zu lockere Führung stellten den Vorsitzenden mehr als einmal vor die Frage, auch seinerseits die Disziplin zu lockern. Brandt wurde geliebt; Schmidt wurde respektiert.

Als Bundesgeschäftsführer hatte ich ein Programm-

Papier auf die Kernforderung der SPD verdichtet: Jeder Mensch solle seine Fähigkeiten in Würde entfalten können. Damit zufrieden, las ich die Tickermeldung, die NATO habe über die Einführung einer Neutronenbombe entschieden. Die würde die Menschen ausschalten, aber die Nutzung von Brücken und Gebäuden weiter ermöglichen. Das war nun das Gegenteil von Menschenwürde. Für den *Vorwärts* schrieb ich einen wütenden Artikel über diese »Perversion des Denkens« und zeigte ihn Brandt. Der empfahl, darüber eine Nacht zu schlafen. Nach der Veröffentlichung rief Bundespräsident Scheel an und riet, bei meiner Meinung zu bleiben, auch wenn ich mich damit nicht durchsetzen würde. Das musste dem Kanzler Ungelegenheiten bringen. Doch dann verwarf Präsident Carter die geplanten Neutronenwaffen wieder, was Schmidts kritischer Haltung ihm gegenüber zusätzliche Argumente einbrachte. Die »Perversion des Denkens« hat mir der Kanzler nie vorgeworfen.

Als Mitglied im Kabinett stellte ich Unterschiede zwischen Schmidt und Brandt fest, was ihren Führungsstil betraf. Schmidt führte, indem er seine Position zu einzelnen Themen verkündete, und war nur bedingt zufrieden, wenn er sie, auch dank der Eleganz Genschers, modifizieren musste. Die sozialdemokratischen Kabinettsmitglieder fühlten sich in die Rolle von Staatssekretären versetzt, während ihre Kollegen von der FDP als verantwortliche Minister behandelt wurden. Die Sitzungen wurden kürzer, und wie Brandt fragte Schmidt am Ende, ob jemand noch einen guten Witz kenne. Brandt hatte die Kollegen sprechen lassen und am Ende seine unglaubliche Fähigkeit gezeigt, eine Zusammenfassung zu formulieren, die als Beschluss von allen angenommen wurde. Das war seine Kunst, durch lockere Führung zu integrieren.

Zu Sitzungen des Parteivorstandes erschien Schmidt mit dicken Mappen, die er abarbeitete, ohne sich in das »langweilige Gelabere« einzumischen. Als Brandt nach der Wahlniederlage 1983 durchsetzte, ein neues Parteiprogramm vorzubereiten, hielt er das für überflüssig. Anders als Union und FDP, die eigentlich gar kein Programm brauchten, war der Diskussionsprozess für die SPD zur Integration und Selbstvergewisserung unentbehrlich. Das Ergebnis kam dann 1989 in einer nach dem Fall der Mauer völlig veränderten Lage des Landes zur Entscheidung.

Auf einen Anruf Slawas gegen Ende des Jahres 1979, es gebe eine wichtige und dringende Sache für den Kanzler, trieb ich Schmidt in seinem Ferienhaus am Brahmsee auf. Der reagierte vorweihnachtlich unwirsch. Ich holte Leo in Flensburg ab und brachte ihn zu Schmidt. Dort berichtete er: »Wir sind in Afghanistan einmarschiert. Eine Einheit ist auf dem Flugplatz gelandet und hat den Palast gestürmt. Es ist schon alles erledigt. Der bisherige Machthaber Amin ist tot. Der Nachfolger ist eingesetzt. Die Amerikaner müssen das längst wissen.« Schmidt erwiderte, es würde wohl viel Zeit vergehen, ehe der Staub sich gesenkt habe und erkennbar würde, wie die Welt dann aussieht. Er ließ Breschnew für diese frühzeitige Information über unseren Kanal danken. Als wir allein waren, äußerte er sichtlich gespannt: »Von unseren Freunden habe ich nichts gehört. Mal sehen, wann die sich melden.« Ein paar Wochen später, zu Besuch im State Department, erhielt ich keine Erklärung für dieses seltsame Verhalten der Amerikaner. Willys Kommentar: »Mich wundert, dass dich das wundert.«

Eigentlich muss der Wahlkampf von der Parteizentrale aus geführt werden, aber unvermeidlich wurden wichtige Entscheidungen im Kanzleramt gefällt. 1980 sollte zwischen Schmidt und Strauß entschieden werden; das sollte nicht so schwer sein. Der erste Pfeiler unserer Strategie: Helmut Schmidt. Als zweiten Pfeiler konnten wir auf das Wissen verweisen, wie Entspannung gemacht wird. Dann aber sagte der Kanzler wegen der angespannten Lage in Polen ein vereinbartes Treffen mit Honecker ab. Ich erfuhr es aus dem Radio. Sofort triumphierte Strauß über das Scheitern der Entspannungseuphorie. Der erste Pfeiler reichte gerade noch für knappe 0,3 Prozent mehr als vier Jahre zuvor.

Zwei Wochen vor dem Wahltag erhielt ich einen drei Seiten langen handgeschriebenen Brief Willys, der sich zu sehr an die Seite geschoben fühlte: »Dass eine für den Vorsitzenden und Dich vorgesehene Pressekonferenz durch eine mit dem Kanzler und Dir ersetzt wurde, lese ich aus Vermerken der insofern eigentlichen Wahlkampfleitung.« Als einer, der ja wirklich schon einmal Wahlen gewonnen hatte, fühlte er sich zurückgesetzt, auch was Plakate und Fernsehspots betraf. »Es wird nach dem 5. 10. zu einer Frage der Parteihygiene, ob ein Beamter oder ein Referent mehr zu sagen hat als der Vorsitzende. Das wird die Partei gegebenenfalls entscheiden … Lieber Egon, ich musste dies jetzt loswerden. Dein W.« Der Freund hatte seinen ganzen Frust bei mir abgeladen. Bei wem auch sonst? Er kam nie wieder auf diesen Brief zurück. Das war Willy: sensibel, nicht nachtragend, diszipliniert.

Im November 1981 erlitt Helmut einen leichten Kollaps. Danach wollte ich unser Gespräch wieder aufnehmen, das wir vorher geführt hatten. Er machte große und verängstigte Augen. Er sei minutenlang ohne Bewusstsein gewesen und könne sein Kurzzeitgedächtnis nur reparieren, indem er Vorgänge aus den Akten neu lerne. Ich unterrichtete Willy sofort und fügte hinzu: »Wenn Helmut bei seinem Pflichtbewusstsein das nicht überwindet, wird er zurücktreten.« Willy befand: »Lass uns mal sehen, wie es nach den Feiertagen aussieht.«

Mein Freund Günter Verheugen, inzwischen Generalsekretär der lädierten FDP, hatte mir seine Sorge mitgeteilt, dass unsere beiden Vorsitzenden ihr schwieriges Verhältnis in Ordnung bringen müssten. »Wenn nicht, wird die Koalition zerbrechen.« Ich vertröstete ihn, wir sollten nach einem ruhigen und hoffentlich erholsamen Jahreswechsel weitersprechen. Das erwies sich bald als nicht mehr erforderlich. Im September 1982 zerbrach die Koalition.

Jahre später wurde bekannt, dass Brandt an seinen Erinnerungen arbeitete. Da erhielt er einen Brief von Schmidt, den er mir zu lesen gab. »Der will seinen Frieden mit dir machen«, schätzte ich. Das wollte er wirklich. Lange nach Willys Tod bat die Ebert-Stiftung den inzwischen mehr als Neunzigjährigen um eine Rede über sein Verhältnis zu Brandt. Dazu habe er nicht mehr die Kraft, antwortete Schmidt, aber er sei bereit, darüber mit einem Erwachsenen zu diskutieren, und nannte meinen

Namen. Die Veranstaltung in Lübeck wurde zu einer erfrischenden Geschichtsstunde, das große Thema des NATO-Doppelbeschlusses wurde nicht unter den Tisch gekehrt. »We agree to disagree« hieß die Zusammenfassung. Wir können uns unverändert in die Augen blicken.

Als Willy die Augen geschlossen hatte, wurde Helmut Schmidt, bei aller Achtung vor Helmut Kohl, der große »Elder Statesman« in Deutschland, respektiert und nun auch geliebt.

15 *Spiegel*-Titel vom 9. Februar 1970. Im Hintergrund Tintorettos Bildnis des Dogen und Meisterdiplomaten Paolo Tiepolo, das Kiesinger für das Kanzlerbüro ausgewählt hatte. Brandt stellte sich bewusst in die Kanzler-Tradition seit Adenauer und ließ sein Arbeitszimmer unverändert.

16   Vor der Unterzeichnung des Moskauer Vertrages am 12. August 1970 im Kreml. Während Brandt und Kossygin noch Klärungsbedarf haben, ist man dahinter schon fröhlich gestimmt.

17   Mit Valentin Falin, Partner in langen Gesprächen, auf dem Moskauer Flughafen.

18   Die Zusammenarbeit mit Sicherheitsberater Henry Kissinger wurde bald vertrauensvoll.

19 Die deutsch-deutschen Verhandlungen mit Michael Kohl verliefen zäh und verlangten zuweilen Gespräche unter vier Augen.

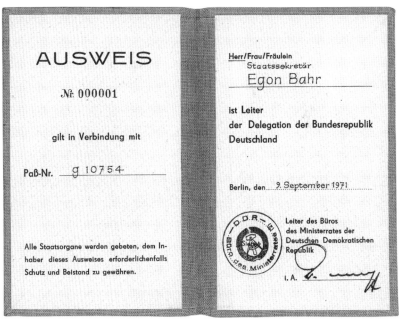

20 Seit ich diesen Ausweis in taubenblauem Leinen erhielt, bin ich nicht mehr kontrolliert worden. Ob es je eine Nummer 000002 gegeben hat, weiß ich nicht.

21   Sympathie auf den ersten Blick und ein unendlicher Handkuss für Rut Brandt – Breschnew 1971 in Bonn.

23   Gelöste Atmosphäre auf der Krim. Unabgesprochen: zwei mit, zwei ohne Krawatte. Im Hintergrund Breschnews Sicherheitsberater Alexandrow.

22 Rechts die Chefs, links die Verhandler, die keinen Dolmetscher brauchten. Breschnew und Gromyko auf dem Petersberg bei Bonn im Mai 1973.

24 »Wir alle lieben dich!« rief Wehner vor der Fraktion aus, nachdem Brandt zurückgetreten war. Das Gesicht spricht Bände.

25 Die Entfremdung war nicht mehr zu übersehen – hier auf dem Mannheimer Parteitag 1975.

26 Jeder für sich und dennoch verbunden durch die gemeinsame
Verantwortung für Staat und Partei. Brandt und Schmidt 1982.

27 Gratulation
unter Freunden
anlässlich meines
70. Geburtstags 1992.

28 Aufbruch voller Hoffnungen und Erwartungen: Brandt und Gorbatschow in Bonn 1989.

TEIL 4 – GEWISSHEITEN

Ein neuer Beginn

Nach der Ernennung zum Bundesminister für wirtschaftliche Zusammenarbeit gab mir der neue Kanzler die großzügige Weisung: »Du kannst machen, was du willst. Aber mach mir keinen Ärger.« Der Entwicklungsminister, wie er kurz genannt wurde, gehörte von Amts wegen zum Gouverneursrat der Weltbank. Dessen Chef, Robert McNamara, hatte ich zuletzt in den sechziger Jahren mit Willy im Pentagon erlebt. Der damalige Verteidigungsminister hatte uns optimistisch über die amerikanische Strategie in Vietnam unterrichtet. Jetzt kümmerte sich der Gewandelte glaubwürdig um die Hebung des Lebensstandards der Menschen in den ärmsten Entwicklungsländern. Ich traf ihn am Rande einer Weltbanktagung. Nachdem er von unvergesslichen Wanderungen im Himalaya erzählt hatte, kam er zu seiner Idee: Er plane eine unabhängige Kommission der UN, die ein Konzept für den Ausweg aus der Misere, mindestens eine Orientierung für dieses gefährliche Weltproblem erarbeiten sollte. Der beste Mann für den Vorsitz sei Willy Brandt. Ob er wohl dazu bereit wäre?

Nach meiner Rückkehr nach Bonn reagierte Willy sehr

zurückhaltend, weil sein Sachverstand nicht reiche. Diese Bedenken konnte ich mit dem Hinweis ausräumen, das gesamte Wissen meines Ministeriums würde ihm zur Verfügung stehen. Ausschlaggebend für seine Zusage waren wohl zwei Überlegungen, die sich ergänzten. Zum einen war es nicht verlockend, nur als SPD-Chef dem Kanzler den Rücken freizuhalten, und zum anderen war die Aussicht attraktiv, in der Dritten Welt herumzureisen und neue Probleme und Menschen kennenzulernen.

Die Nord-Süd-Kommission machte aus Brandt einen überzeugten Anwalt der Dritten Welt. Die Mitglieder mussten die Konfrontation der Interessen ihrer Vertreter aus Nord und Süd aushalten. Der Westen war unter anderem durch den vormaligen britischen Premier Edward Heath und Olof Palme aus Schweden vertreten. Auch die Amerikaner beteiligten sich, während sich die Sowjetunion entzog. Brandt erreichte über seinen Kontakt zu Breschnew, dass das berühmte Moskauer Institut für Weltwirtschaft und Internationale Beziehungen wenigstens Sachverständige seiner Kommission empfing. Die sowjetischen Wissenschaftler zeigten sich mit der internationalen Diskussion voll vertraut und ließen ziemlich offen ihr Bedauern erkennen, dass ihre Regierung immer noch den modernen Erkenntnissen nachhinke. Erst in die 1980 eingesetzte Palme-Kommission, die sich mit Sicherheit und Abrüstung befasste, entsandte Moskau Teilnehmer.

Bei den Sitzungen der Nord-Süd-Kommission, an denen ich als Gast teilnahm, verlangten die Repräsentanten aus dem Süden angesichts der immensen Rüstungsausgaben Priorität für den Kampf gegen die Armut. Es kostete viel Überzeugungskraft, bevor sie akzeptierten, dass die Verhinderung des Dritten Weltkriegs Priorität haben müsse. Nur wenn das gelänge, könne sich der Norden mit voller Kraft der Überwindung der Armut zuwenden. Ich schäme mich noch immer, dass nach dem Ende des Kalten Krieges sich weder die reichen Industrie- noch die Schwellenländer an ihre Versprechungen erinnert haben.

Alle Mitglieder der Brandt-Kommission, wie sie bald genannt wurde, verband der Respekt für ihren Vorsitzenden, für seine Autorität und Weitsicht. Der von Brandt 1980 vorgelegte Bericht »Das Überleben sichern« behandelte globale Probleme wie Hunger, Bevölkerungswachstum, Energie, Rohstoffe, Handel, Währung, Investitionen und Organisationen – natürlich unter der Voraussetzung des Friedens und der notwendigen Solidarität zwischen Arm und Reich. Niemandem fiel auf, dass von Demokratie wenig und von Menschenrechten überhaupt nicht die Rede war.

In der Bundesrepublik wurde der Bericht als linkslastig empfunden oder gar diffamiert. Für die Sicherheit sorgten schließlich die Amerikaner, und die Mehrheit der Bevölkerung interessierte sich mehr für den wachsenden Reichtum als für eine wachsende Solidarität mit den Armen. 1985 erhielt Willy Brandt am Sitz der Vereinten Nation den Dritte-Welt-Preis. Mit dem Preisgeld konnte er die Gründung der Stiftung Entwicklung und Frieden in Bonn bewirken, deren Arbeit bis heute beachtet und geschätzt wird. Nach dem Ende seiner Kommissionsarbeit stand Brandt politisch und gedanklich ein beträchtliches Stück weiter links als zuvor.

Sicherheit für wen?

Das elementare Erlebnis des Mauerbaus, nur Objekt Mächtigerer zu sein, hatte zwangsläufig zu dem Versuch geführt, eigene Interessen aus einer Position der Schwäche zu verfolgen. Für Brandt und mich war die überlegene Persönlichkeit des französischen Generals Charles de Gaulle ein Beispiel dafür, wie viel im Kreis von drei Mächtigeren in Washington, London und Moskau erreicht werden konnte. Zugleich war seine Rolle eine Warnung für uns: Für ein globales Gewicht, das seinem politischen Format durchaus entsprach, war Frankreich zu klein. Vom richtigen Einsatz der eigenen Kräfte hing ab, ob Überheblichkeit zu tragischem Scheitern oder Realismus zu unerwartetem Erfolg gegenüber den Mächtigeren führen würde. Das war der Kern unzähliger Gespräche zwischen Brandt und mir zum Komplex der Sicherheit für und vor Deutschland.

Brandt hatte sich 1964 in seiner Rede vor der Foreign Policy Association respektvoll auf de Gaulle bezogen und in seinem Manuskript die Frage eingefügt: »Warum eigentlich nur er?« Erläuterungen zu einigen aufgeregten Fragen gab er nicht, sie hätten nur Ärger gemacht. Dem General verdankten wir die Idee eines Europas der Vaterländer und folgerten daraus, dass auch die Bundesrepublik ihren eigenen Willen und ihre eigenen Interessen verfolgen und trotzdem bündnistreu bleiben konnte. Noch weitergehend: dass die Nation nicht in Europa untergehen würde und wir gegenüber dem unentbehrlichen Amerika keine Untertanen waren.

Die Definition des Generals bezüglich atomarer Waffen gilt immer noch: Kein Land teilt die Entscheidung über diese Waffe, auch nicht mit dem besten Freund, denn ihr Einsatz entscheidet das Schicksal der eigenen Nation, und diese Entscheidung ist mit keinem anderen Land teilbar. Diese elementare Ansicht zu einer elementaren Waffe, die eben mehr ist als die Weiterentwicklung der Artillerie, übersetzte Brandt politisch: »Die Vier Mächte können auch künftig in 999 Fragen streiten. In einer Frage sind sie sich einig: Die Deutschen dürfen nie eine Atomwaffe bekommen.«

Diese Einsicht vertrat Brandt auch in seinem Gespräch mit Kennedy 1962. Es sei eine sinnlose Idee, die geplante multilaterale Atomstreitmacht aufs Meer zu schicken, um nukleare Teilhabe vorzutäuschen. Das schade sogar dem Bündnis, denn der Kapitän wäre ein Amerikaner, und die Atomwaffen würden auch Amerikaner bedienen. Alle anderen Verbündeten stellten die Köche, die Heizer und die Matrosen. Kennedy war erleichtert. Praktisch versenkten die beiden die Flotte, bevor sie auslief, und ersparten sich und anderen viel Ärger.

Brandt hatte die Lektion seit dem Mauerbau gelernt. Auch für Berlin wollten die beiden Großen nicht »zum Krieg« gehen, wie Kennedy ihm geschrieben hatte. Bis zum Ende seines Lebens hat er nicht umlernen müssen: Die beiden Supermächte mit ihren interkontinentalen Atomwaffen hatten die Macht und die Verantwortung und ließen sich durch niemanden zu einem atomaren Konflikt drängen, weil keiner von ihnen mehr im klassischen Sinn »siegen« konnte. Das Risiko wäre zu groß gewesen. Sie hatten einen atomaren Schild zwischen sich etabliert, der sie, ihre Verbündeten und alle anderen schützte. Heute wissen wir, dass er die deutsche Einheit überlebte. Dieser atomare Schirm verband die antiquierte Sorge vor einem inzwischen militärisch irrelevanten Deutschland mit der Sicherheit für Deutschland. Zusammen mit der französischen atomaren Souveränität führte das schon damals zu dem Schluss, dass es keine europäische Atommacht geben würde. Europäische Selbstbestimmung ist auf die Ebene konventioneller Streitkräfte begrenzt.

Es war Brandts Grundüberzeugung, dass für die Erhaltung des Friedens in Europa Washington und Moskau unersetzbar blieben. Diese geostrategische Überzeugung reichte über Jahrzehnte und konnte durch keine aktuellen Aufgeregtheiten ins Wanken gebracht werden, auch nicht durch die Auseinandersetzung um den NATO-Doppelbeschluss zu Beginn der achtziger Jahre. Brandt hatte zu keinem Zeitpunkt die Sorge, dass die beiden Großen die Kontrolle über die Entwicklung verlieren könnten. Die Grundorientierung an den weltpolitischen Realitäten verlieh ihm eine souveräne Sicht.

Ein Beispiel: Der ehemalige Hochkommissar der USA in der Bundesrepublik, John McCloy, hatte Anfang der sechziger Jahre zu einem kleinen Abendessen eingeladen. De Gaulle hatte gerade England den Zutritt zur EWG verweigert und wollte die militärische Organisation des Bündnisses verlassen. McCloy drängte, die Deutschen müssten das verhindern, und drohte: »Wenn ihr das nicht macht, werden wir abziehen.« Brandt erwiderte kühl: »Das glaube ich nicht.«

Brandt sah sich beim Thema Sicherheit in einer abgehobenen, sogar überlegenen Position. »Für die Raketenzählerei, für Reichweiten oder Abschreckungstheorien hält man sich Verteidigungsminister und Experten.« Damit meinte er auch Schmidt und mich. »Wenn die relevant werden, ist das ein Zeichen, dass die Politik versagt hat. Die Politik muss dafür sorgen, dass deren Sorgen und Theorien nicht ausprobiert werden.« Das mag überheblich geklungen haben, erwies sich aber schließlich als richtig: Wir haben keinen Krieg erlebt. Es ist nur noch von begrenztem Wert, der Frage nachzugehen, inwieweit der militärisch-technische Komplex die Staaten auf gefährliche und kostspielige Umwege geführt hat. Wir sind in Europa immer gut damit gefahren, dass die politische Vernunft der militärischen den zweiten Rang zuwies.

Für politisch-strategische Fragen hatte Brandt immer Interesse. Das beste Beispiel dafür war sein Treffen mit Breschnew 1971 auf der Krim. Nach der Planierung des politischen Geländes durch den Moskauer Vertrag musste nun ein Weg gefunden werden, das Übermaß an konventionellen Waffen zu vermindern und dadurch für beide Seiten mehr Sicherheit zu erreichen, ohne eine Seite zu benachteiligen. Stundenlang suchten wir nach geeigneten Formulierungen, um unser Ziel zu erreichen. Der daraus resultierende Vertrag über konventionelle Abrüstung erhielt später die Bezeichnung MBFR – gegenseitig ausgewogene Reduktion. Er wäre im Dickicht der militärischen Bedenkenträger erstickt, hätte ihm Gorbatschow nicht doch noch zum Leben verholfen. Die Staaten des Warschauer Pakts befolgten ihn ebenfalls – auch noch, als es den Pakt schon nicht mehr gab. Er entsprach den Interessen aller Beteiligten.

Im Sommer 1981 brachte Brandt aus Moskau den Gedanken mit, eine Nulllösung auf beiden Seiten könnte alle relevanten amerikanischen und sowjetischen Raketen beseitigen, ohne die französischen und britischen einzubeziehen. Das wurde in Bonn als »irreal« verworfen. Als Ronald Reagan genau das dann mit Gorbatschow vereinbarte, gab es ungeteilte deutsche Zustimmung. Die politisch-strategische Weitsicht Brandts, auch nach seinem Sturz, blieb leider ungenutzt.

*

Henry Kissinger hat Brandt und Schmidt als außergewöhnliche Persönlichkeiten bezeichnet. Ihre Ähnlichkeiten seien ebenso frappierend wie ihre Unterschiedlichkeiten. Als ich Brandt 1970 informierte, dass Schmidt gemeinsam mit seinem amerikanischen Kollegen Melvin Laird verhindert hatte, dass von der Ostsee bis zum Böhmerwald Hunderte amerikanischer Atomminen verlegt wurden, sagte er: »Eine Sorge weniger.« Und lobte, dass diese gute Tat nicht öffentlich geworden war; die Menschen sollten durch die atomare Bedrohung nicht unnötig beunruhigt werden. Später billigte er die Versuche, die Schmidt und ich unabhängig voneinander unternommen hatten, eine Landstationierung amerikanischer Raketen zu verhindern, indem wir auf die Ausrüstung amerikanischer U-Boote mit Cruise Missiles drängten. Die Amerikaner bezeichneten das als technisch unmöglich. Als dieses Verfahren einige Zeit nach der Entscheidung über die Landstationierung der neuen Mittelstreckenraketen möglich wurde, kamen wir uns getäuscht vor.

Bei einem Besuch Kissingers, der inzwischen Außenminister war, erkundigte ich mich nach dem Stand der Genfer Verhandlungen zur Begrenzung strategischer Waffen. Als Henry detailliert Auskunft gab, unterbrach ich ihn: »So viele Einzelheiten sind unnötig. Mich interessiert, ob und wann mit einem Ergebnis zu rechnen ist. Wir haben volles Vertrauen, dass im Interesse des Westens keine Fehler gemacht werden.« Meinen Bericht über das Gespräch unterbrach Schmidt engagiert und laut: »Falsch! Du hättest Henry nach den Einzelheiten fragen sollen. Wir sind daran interessiert, sogar vital.« Brandt schüttelte den Kopf: Er bezweifelte deutschen Einfluss auf einem Gebiet, über das nur Amerikaner und Russen entschieden. Er sah die Grenzen unserer Möglichkeiten und unserer Macht.

Dabei erkannte er durchaus an, dass die Gespräche Schmidts mit den militärischen Spitzen in Moskau 1980 dazu geführt hatten, Bonn als Partner in strategischen Fragen ernst zu nehmen. Aber letztlich hätten eben Washington und Moskau entschieden. Wir wären Objekte ihrer Entscheidung, in beiden deutschen Staaten Raketen aufzustellen, und ebenso ihrer späteren Entscheidung, sie wieder wegzuschaffen. Diese abweichende Auffassung hinderte Brandt nicht, die Enttäuschung des Kanzlers zu teilen, dass er weder informiert noch konsultiert worden war, als der amerikanische und der sowjetische Unterhändler Paul Nitze und Juli Kwizinski auf ihrem berühmten Waldspaziergang in der Nähe von Genf ein Verhandlungsresultat erreichten, das für Schmidt durchaus annehmbar war.

Brandt teilte auch die Einstellung Schmidts, im Ernstfall der Bundeswehr seinen letzten Befehl zu geben: Befehlsverweigerung gegenüber den Amerikanern, die Atomwaffen einzusetzen, für die mit Lance-Raketen ausgerüstete deutsche Einheiten vorgesehen waren. Mit ihrer Reichweite bis Lübeck und Hamburg hätten sie zerstört, was verteidigt werden sollte. Er teilte Schmidts Haltung, Schaden vom deutschen Volk abzuwenden, also das Wohl des Landes höher zu stellen als das Wohl der NATO.

Dennoch blieb der Parteivorsitzende in der Situation, auf der einen Seite den Kanzler zu stützen, auf der anderen Seite die Partei zusammenzuhalten und den Einfluss auf die Friedensbewegung nicht zu verlieren. Der Konflikt war programmiert, seit Schmidt mit seiner Beschränkung auf die Kanzlerschaft die Frage der Parteiperspektive Brandt überlassen hatte, gewollt oder ungewollt, gern oder ungern.

Die Raketen hatten sich verselbständigt. Beide deutsche Staaten waren zu Geiseln von deren Eigentümern geworden. Die Pershings brauchten sieben Minuten bis Moskau, die in der DDR stationierten sowjetischen Raketen brauchten maximal zwei Minuten, um die amerikanischen vor ihrem Abschuss zu zerstören. Weder die Menschen noch die Technik durften einen Fehler machen. Schmidt konnte die Singularisierung der Bundesrepublik als Ziel nicht verhindern. Kwizinski hatte mir in Moskau bestätigt: »Sie können so viele Pershings stationieren, wie Sie wollen. Wir sind darauf vorbereitet, sie zu unterlaufen.« Wer zuerst auf den Knopf drückte, sei im Vorteil.

Der Bundeskanzler hatte die deutsche Zustimmung zur Stationierung der Pershing-Raketen von erfolgreichen Verhandlungen abhängig gemacht und so den Druck auf Moskau und Washington aufrechterhalten. Meine Vermutung, die Amerikaner wollten gar kein positives Ergebnis erzielen, bestätigte im Nachhinein Strobe Talbott, vertraut mit der Materie und später stellvertretender Außenminister unter Bill Clinton, in seinem Buch »Raketenschach«. Sie wollten uns betrügen. Kohl ersparte ihnen den Betrug, indem er den deutschen Vorbehalt aufgab. Wir haben Glück gehabt.

In der Raketenfrage fühlte ich mich im Wort gegenüber der Partei und der Bundesregierung, auch den Partnern in West und Ost: Meine Haltung hätte zu einer Ablehnung der Stationierung geführt. Die Raketen waren zu einer Gewissensfrage geworden; sie waren nicht mehr zu verhindern. Der Bundesgeschäftsführer konnte nicht das Gegenteil seiner Überzeugung verkünden. Ich trat Ende 1981 zurück und teilte dem Bundeskanzler mit, dass ich künftig »die politische Seite der Rüstungsbegrenzung zum Schwerpunkt machen werde, weil ich sie für eine schwere Frage der nächsten Jahre – übrigens auch für die Partei – halte.« Brandt versuchte nicht, mich umzustimmen. Er fragte, was ich denn nun machen werde. Meine Antwort: »Abrüstung« kommentierte er: »Damit bist du für den Rest deines Lebens beschäftigt.« Er behielt recht.

Partner Amerika

Trotz der Gemengelage ihrer unterschiedlichen Verantwortlichkeiten teilten Brandt und Schmidt die Auffassung: Ohne Amerika geht gar nichts. Beide wussten: Von der Luftbrücke über den 17. Juni 1953, die Ostverträge, das Vier-Mächte-Abkommen für Berlin und den Grundlagenvertrag bis zur Schlussakte von Helsinki 1975 und zum aus guten Gründen anders genannten Friedensvertrag von 1991 wäre die Geschichte ohne Rückendeckung der USA anders verlaufen. Es muss offen bleiben, ob, wie und wann Deutschland ohne die Unterstützung der Vereinigten Staaten die uneingeschränkte Souveränität zurückerhalten hätte, die das Reich 1945 verloren hatte. Die Notwendigkeit der NATO, auch nach dem Ende des Kalten Krieges, sahen beide. Dass dabei amerikanisches Eigeninteresse nicht zu kurz kam, hatte schon für die Marshallplan-Hilfe gegolten.

Auch in der Beurteilung der unvergleichlich engen atlantischen Bindungen mit ihren geschichtlichen und wirtschaftlichen Wurzeln und ähnlichem Wertekanon waren sich beide einig. Das Bündnis garantierte den Verbündeten die Organisation, Führung und Koordination der Sicherheit seiner Mitglieder nach außen und der Stabilität nach innen, falls Deutschland übermütig würde, was in dem mit den Buchstaben EU bezeichneten Durcheinander kaum zu befürchten war und ist.

»Die NATO gehört nicht Amerika« – diese schnoddrige Definition Schmidts, in der sich der Anspruch auf Gleichberechtigung, auch ein Stück Emanzipation von Amerika ausdrückten, wäre Brandt nie über die Lippen gekommen. Nicht nur, weil sie völkerrechtlich korrekt, aber politisch falsch war, sondern vor allem, weil sie an der Realität nichts änderte. Dabei hatte er eine durchaus vergleichbare Grundhaltung, wenn er zum Beispiel erklärte: »In Europa hat die Bundesrepublik Verwandte, in Amerika Partner. Wer die Selbstbestimmung Europas will, kann sie nicht zur Disposition von Washington stellen. Amerika, das jahrzehntelange Kindermädchen Europas, sollte das verstehen.« Das entsprach der Formel von der »Europäisierung Europas«, die mein ältester Freund Peter Bender geprägt hatte. Aber ein Entweder-oder mit konfrontativem Beigeschmack, das die Wirklichkeit nicht aushebeln konnte, lag Brandts Wesen nicht. Seiner Weltanschauung entsprach nicht nur außenpolitisch ein Sowohl-als-auch. Er fühlte sich mit dieser Formel so sicher, dass ihre gelegentliche Verspottung ihn weder traf noch zweifeln ließ.

Die Vorstellung, Brandts freundschaftliche Gefühle für Amerika wären unkritisch, anpasserisch und ungetrübt gewesen, ist völlig falsch. Ich war noch nie zuvor in New York gewesen, als meine ungehemmte Begeisterung für die Stadt ernste Dämpfer erhielt. Anfang der sechziger Jahre bummelten wir durch die Straßen rund ums Waldorf-Astoria, wo wir abgestiegen waren, als Brandt mir erläuterte, warum er sich unbehaglich fühlte: »Das ist Überheblichkeit und Arroganz, diese Wolkenkratzer. Es zeigt menschliche Vermessenheit. Wenn hier mal was passiert!« Er blieb immer in einer menschlichen Dimension.

Robert McNamara hatte uns brillant erläutert, warum Amerika den Krieg in Vietnam gewinnen würde. Danach bemerkte ich zu Brandt, der amerikanische Verteidigungsminister erinnere mich an Walter Hallstein mit seiner Alleinvertretungsdoktrin gegenüber der DDR: Das Gebäude imponiert, bis man bemerkt, dass es an der falschen Stelle steht. Willy antwortete, wir hätten gerade ein Beispiel für die typisch amerikanische Überheblichkeit erhalten, aufgrund ihrer materiellen und technischen Überlegenheit Menschen zu unterschätzen, besonders wenn es sich um sogenannte »zurückgebliebene« Menschen aus Entwicklungsländern handelt. Wir waren uns einig: Amerika wird den Krieg in Vietnam verlieren. Offen blieb nur, wann und wie. Brandt zog eine Linie von Korea zur missglückten Operation in der Schweinebucht gegen Kuba und sah die doppelte psychologische Bürde für das siegeswohnte Land: Wie würde es mit Niederlagen umgehen und mit der Last, dass auch eine demokratische Weltmacht geschichtlich schuldig werden kann? Diese Erkenntnis führte ihn zu Hause zu der Haltung, jede amerikakritische Bemerkung zu unterlassen, so populär sie auch sei. »Einem Freund, der in Not ist, muss man helfen.« Das politische Washington hat diese Haltung durchaus registriert.

Auf unseren Wegen durch New York bemerkte Willy die kalten, feindseligen Blicke, wenn ihm Farbige auf der Straße begegneten. Er kniff die Augen zusammen, als der Fahrer per Knopfdruck die Türen schloss, wenn wir durch

Stadtviertel fuhren, in denen kein Weißer zu wohnen schien. Trotz der bewunderten Regenerationskraft des Landes schloss er Spaltungen zwischen farbigen und weißen Staaten nicht aus – eine Einschätzung, die er später relativierte. Bei aller Gewogenheit für diesen so widersprüchlichen Kontinent, der USA heißt, mit seinen zivilisatorischen Leistungen und großartigen Stiftungen auf der einen Seite und den schwer verständlichen Waffengesetzen und der Todesstrafe auf der anderen: Für den Europäer Brandt blieb das Land fremd. Er konnte sich nicht zu Hause fühlen. Doch unverändert blieb Amerika unersetzlich.

Eine Geliebte zum
Verzweifeln: Europa

Die erste außenpolitische Aktion des neuen Bundeskanzlers Willy Brandt hatte Europa gegolten. Genauer: Er war stolz darauf, im Dezember 1969 in Den Haag zusammen mit dem französischen Präsidenten Georges Pompidou und den vier anderen Regierungschefs grünes Licht für den lange von Frankreich blockierten Beitritt Englands zu den Europäischen Gemeinschaften vereinbart zu haben. Ohne das Mutterland der Demokratie – und ohne das skandinavische Element – konnte er sich Europa schwer vorstellen. Dass Frankreich sich mit England an seiner Seite wohler fühlen würde, wenn die Deutschen eine aktive Entspannungspolitik nach Osten begännen, beschwerte ihn nicht. Jahre später las ich in den Erinnerungen von George Kennan, er sei 1949 bei seiner Erkundungsreise nach Europa zu dem Ergebnis gekommen, dass alle Vorstellungen einer europäischen Gemeinschaft scheitern würden, die England unwiderruflich an den Kontinent binden wollten; die britischen Sonderbeziehungen zu den USA würden immer Priorität behalten. Anfang der achtziger Jahre machte ich Willy auf diese inzwischen vielfach bestätigte Voraussage Kennans aufmerksam. Seine Reaktion: »Das hättest du mir früher sagen müssen.«

Ahnen können hätten wir das schon bei einem Auftritt Brandts in London 1962, als ihm von dem europageneigtesten aller Vorsitzenden der Labour-Partei, Hugh Gaitskell, Gehör verschafft werden musste. Die von Brandt geäußerte Überzeugung, England gehöre zu Europa, hatte laute Unruhe ausgelöst. Gaitskell eilte zum Mikrofon und verlangte »Ruhe für unseren Gast aus Übersee«. Das war nicht witzig gemeint. Nicht nur bei dichtem Nebel über dem Kanal wurde Europa auf der Insel als fremder Kontinent empfunden – parteiübergreifend und dem allgemeinen Lebensgefühl entsprechend.

Im Februar 1970 fragte Gromyko nach einem Mittagessen plötzlich: »Wann muss man damit rechnen, dass Europa mit einer Stimme spricht?« Grund zu dieser Sorge hatte die EWG Moskau immerhin schon gegeben. Von meiner Antwort: »Wiedervorlage in zwanzig Jahren« und seiner misstrauischen Nachfrage: »Meinen Sie das ehrlich?« berichtete ich dem Kanzler zusammen mit der Versicherung, das glaubte ich wirklich. Seine Reaktion: »Du bist ein Defätist.« Er konnte sich nicht vorstellen, dass es so lange dauern würde. Natürlich glaubte er keine Sekunde, dass die deutsche Einheit schneller erreicht sein würde als eine internationale Handlungsfähigkeit Europas. Vierzig Jahre später kann noch immer niemand solide voraussagen, wann das oft beschlossene Ziel der Einstimmigkeit erreicht wird.

Als Willy mir einmal vorhielt, ich interessiere mich zu wenig für Europa, antwortete ich, in jeder der sechs Hauptstädte säßen mindestens sechs hochintelligente Menschen, die an diesem Thema arbeiteten; da könne es nicht schaden, wenn ich mich um Osteuropa kümmere.

Natürlich empfand Brandt eine tiefe Freude, dass die Entspannung Früchte trug, die Europa veränderten. Das hinderte ihn aber nicht daran, durch Druck von unten zu versuchen, Europa schneller flügge zu machen. In einer Kabinettssitzung überlegten wir wieder einmal, was geeignet sein könnte, um die nächste Sitzung des Europarats weniger belanglos, sondern interessant für die Menschen zu machen. Ich weiß nicht mehr, wer auf die Idee kam, europäische Wahlen vorzuschlagen. Das wirkte elektrisierend und begeisternd. Den Einwand, das europäische Parlament hätte gar keine Kompetenzen, wischte Brandt beiseite: »Ein Parlament nimmt sich die Rechte, die es braucht.« So kam es 1979 zu den ersten direkten Wahlen des Europäischen Parlaments. Brandt als Spitzenkandidat erlebte seinen Irrtum noch. Die europäische Einigung wurde ein langer Weg der Ernüchterung, der bis heute nicht beendet ist.

Die britische Politik bremste und sprang dann auf den Zug, um noch besser bremsen zu können; sie ging schließlich nach Brüssel, um besser kontrollieren zu können, und Maggie Thatcher verlangte »ihr Geld zurück«. Kissinger beklagte, dass er keine Telefonnummer Europas habe – obwohl er sie nicht vermisste. Brandt war viel zu intelligent, um nicht zu verstehen, dass die großen Länder außerhalb Europas gar nicht anders konnten, als ihren Interessen zu folgen. Die internationale Welt wünschte Europa alles Gute, glaubte aber nicht mehr daran, dass es seine seit Jahrzehnten beschworene Absicht verwirklichen würde.

Darüber den Kopf zu schütteln verbot sich: Niemand konnte bestreiten, dass die wirtschaftliche Zusammenarbeit einen Traum wahr machte. Kriege zwischen den europäischen Staaten wurden aufgrund ihrer engen Verflechtung faktisch unmöglich. Diese größte Erfolgsgeschichte nach dem Zweiten Weltkrieg verlangte die Übertragung von Teilen der nationalen Souveränität auf Europa. Das fiel nicht schwer, denn Sicherheit gegenüber der Bedrohung aus dem Osten garantierte Amerika mit der NATO. Nachdem de Gaulle 1969 aus dem Amt geschieden war und es grünes Licht für den Beitritt Englands, Norwegens, Dänemarks und Irlands gegeben hatte (was allein Willys Norweger durch Volksabstimmung ablehnten), traten am 1. Januar 1973 drei neue Mitglieder der EG bei. Brandt schöpfte Hoffnung, als Edward Heath, Mitglied seiner Nord-Süd-Kommission und der europageneigteste Konservative, den es in England je gegeben hat, an die Spitze der britischen Regierung trat. Nach seinem Scheitern waren wir nicht mehr übermäßig enttäuscht, als die folgenden Labour-Regierungen den Vorrang der Sonderbeziehungen zu den USA beibehielten.

Mit dem friedlichen Ende der Sowjetunion schwand auch die militärische Bedrohung aus dem Osten. Nun hätte es eigentlich nahegelegen, die Übertragung nationaler Souveränität auf die EU fortzusetzen, zumal der Vertrag von Maastricht den Weg für eine gemeinsame Außen- und Sicherheitspolitik ebnete. Aber ohne die Gefahr aus dem Osten und in der Gewissheit der weiteren Präsenz Amerikas auf dem Kontinent glaubte eine Reihe europäischer Staaten, sich risikolos sogar den Luxus kleinerer Kriege leisten zu können. Maastricht wurde 1992 von zwölf Mitgliedsstaaten unterzeichnet, dem Todesjahr von Willy Brandt. Seine Bemühungen um Europa, das er so geliebt hatte, waren zu Ende.

Eine gemeinsame Währung folgte zehn Jahre später, ohne England. Dem britischen Interesse folgend, wurde die Gemeinschaft erweitert, nicht vertieft. Inzwischen gibt es siebenundzwanzig Mitglieder, drei weitere klopfen an die Tür. Mit jedem neuen Mitglied wird sie schwerer regierbar.

Amerika kann beruhigt sein: England garantiert Washington, statt mit einem europäischen Staatenbund von Gewicht mit vielen Ländern verhandeln zu können. Inzwischen wächst die Meinung, dass die Selbstbestimmung Europas nur in der Gruppe der Euroländer erreichbar ist, also ohne Großbritannien und weitere EU-Länder. Unbedingt aber muss das alte Schema der Ost-West-Spaltung überwunden und mindestens Polen, vielleicht auch Tschechien als Mitglied der Eurozone einbezogen werden. Wie Brandt die Entwicklung beurteilt hätte, enttäuscht oder pragmatisch, bleibt offen. Die ungelöste Spannung zwischen Euroland und EU konnte er nicht vorhersehen.

Mahatma Gandhis Gewaltlosigkeit brachte dem indischen Kontinent die politische Unabhängigkeit von Großbritannien. Die Selbstbestimmung Europas besteht als Sicherheitsprotektorat Amerikas unverändert fort. Wenn es Washington und Moskau nicht gelingt, eine gemeinsame Regelung für die Raketenabwehr zu finden, könnte eine neue Aufrüstung in Europa, auch in Deutschland die Folge sein. Sie würde sogar das Ende der Entspannungspolitik bedeuten. Diese Dimension konnte Brandt nicht einmal erahnen.

Erkenne dich selbst

Mehr als einmal sind Aussprüche von Willy Brandt als orakelhaft bezeichnet worden, also auslegbar. »Erkenne dich selbst«, die Inschrift des Apollon-Tempels in Delphi, kann auch den Menschen Willy Brandt entschlüsseln.

Wenn es eine Lehre gab, die ihm das Leben erteilte, dann die, dass er nicht befehlen konnte. Er fühlte sich frei, freier als das Land, in das er zurückkam. Dennoch musste er sich anpassen an Umstände, die stärker waren als er. Anpassung ist ein Erfolgsrezept in der Geschichte der Arten. Bis er Regierender Bürgermeister wurde, hatte Brandt diese Methode längst verinnerlicht. Er wollte überzeugen und vermisste es nicht einmal, dass die Berliner Verfassung ihm keine Richtlinienkompetenz gab. Durch Konsens zu gewinnen wurde seine Stärke, eine Führungseigenschaft, die er auch als Bundeskanzler bewies. Horst Ehmke fasste es zutreffend in die Formel: »Er will nicht bossen.« Lange genug hatte er sich als durch Menschen oder Umstände »gebosst« empfunden. Manchmal hätte ich Willy mehr Härte gegen seine parteipolitischen Widersacher gewünscht. Wenn ich ihm entsprechende Vorschläge machte, sagte er nur: »Das bin ich nicht. Das will ich nicht.«

Als ich ihn bedauernd darauf hinwies, dass er das Machtinstrument der Richtlinienkompetenz nicht anwende, winkte er ab: Das könne man nur einmal anwenden, nämlich um die Koalition zu beenden. »Die Richtlinienkompetenz ist zu Ende, wenn der Partner sich weigert, ihr zu folgen.« Die Erwägung, kurz vor seinem Rücktritt den Innenminister Genscher zu entlassen, verwarf er, weil es das Ende der Koalition bedeutet hätte. Ich erinnerte mich daran, als Angela Merkel die Drohungen Seehofers und die Erpressung Röslers schluckte – bestimmt ohne sie zu vergessen. Keinen von beiden konnte sie entlassen, wenn sie Kanzlerin bleiben wollte. Norbert Röttgen hingegen konnte einfach durch Peter Altmaier ersetzt werden.

Die einundzwanzig Persönlichkeiten der Nord-Süd-Kommission, die aus Industrie-, Schwellen- und Entwicklungsländern kamen, waren es gewohnt, Weisungen zu geben, nicht aber entgegenzunehmen. Die Repräsentanten unterschiedlicher Interessen und unvereinbarer Überzeugungen konnten nur durch die Suche nach einem gemeinsamen Nenner zusammengeführt werden. Versuche, durch Abstimmungen Mehrheiten zu erreichen, hätten die globale Kommission platzen lassen. Willy Brandt verband Autorität und Glaubwürdigkeit, auch nach langen und quälenden Debatten, um den gemeinsamen Nenner zu formulieren. Was fair ist, verstehen alle.

Diese Eigenschaften, die Brandt verkörperte, bildeten einen Teil dessen, was Charisma genannt wird. Es ist nicht käuflich zu erwerben. Kein Parlament oder Staatsoberhaupt kann Charisma wie einen Orden verleihen. Weder Armut noch Reichtum prädestinieren dafür; eine gewisse Robustheit ist Voraussetzung. Wir wissen nicht, wie viele Menschen ihr nie entfaltetes Charisma mit ins Grab nahmen, weil sie an den Schwierigkeiten ihrer Jugend zerbrachen. Also gehört auch Glück dazu. Und Glück musste Brandt mehrfach haben, um nicht wie andere an Hindernissen zu scheitern oder etwa bei illegalen Besuchen im »Reich« gefasst zu werden. Zum Charisma gehören auch Mut, den er immer wieder bewies, und die Kraft, nach Niederlagen wieder aufzustehen. Doch auch wenn es möglich wäre, das alles so zu mischen, dass dabei ein Mephisto oder Faust herauskäme, wäre Charisma nicht garantiert.

Intuition gehört dazu – einer plötzlichen Eingebung zu folgen, dass Kranzniederlegen nicht reicht, und niederzuknien. Von Warschau führte der Weg zum Friedensnobelpreis. Er bedeutete für Brandt, von allem anderen abgesehen, seine Befreiung zur Normalität des »Ich«. Schon in Berlin hatten Albertz und ich Brandts Scheu beobachtet, »ich« zu sagen. Er sprach von »man« oder »wir« oder umschrieb, was »nötig« oder »wünschenswert« sei. Während der Jugendzeit und in der Emigration hatte er gelernt, vorsichtig und möglichst sachlich zu formulieren. Das »Ich« blieb besser unausgesprochen. Das gab dem Stil des Regierenden Bürgermeisters und selbst noch des Außenministers etwas Schwebendes, Unbestimmtes. Wir vermissten den klaren Führungsanspruch. »Es gibt gute Gründe« ist eben weniger als »Ich möchte« oder gar »Ich will«.

Die Rede, mit der er den Friedensnobelpreis annahm, markierte einen erstaunlichen Einschnitt in seinem Redestil. Ich war beglückt, mit welcher Selbstverständlichkeit er plötzlich das »Ich« in seine Rede hineinkorrigierte. »Und wenn ich dies hinzufügen darf: Wie viel es mir bedeutet, dass auf meine Arbeit ›Im Namen des deutschen Volkes‹ abgehoben wurde. Dass es mir also vergönnt war, nach den unauslöschlichen Schrecken der Vergangenheit den Namen meines Landes und den Willen zum Frieden in Übereinstimmung gebracht zu sehen.« Hier wurde einer für sein Land ausgezeichnet, dessen Lebenslauf keinerlei Makel mehr beigemischt war. Darauf konnte er stolz sein, und er war es ohne jede Überheblichkeit. Der Nobelpreis gab dem Freund die Selbstverständlichkeit seines Selbstwertgefühls, das er zwar besaß, aber nicht zeigte.

»Er hatte mehr Intuition im Hintern als andere im Kopf« – diese etwas deftige Formulierung entspricht auch heute noch meiner Auffassung. Aber die unentbehrliche Gabe der Intuition erklärt nicht hinreichend das Phänomen seines sich langsam entwickelnden Charismas. An sich hätte Brandt allen Grund gehabt, stolz auf seine Vergangenheit zu sein. Er war im besten Sinne ein Selfmademan, aus eigener Kraft aufgestiegen, unabhängig, niemandem finanziell oder beruflich zu Dank verpflichtet. Auf sich selbst angewiesen, lernte er seine Gefühle zu beherrschen, seine Hoffnungen einzuhegen, seine Empfindungen zu verschließen. Er wurde eine introvertierte Persönlichkeit, die niemanden an ihr Innerstes heranließ. Wer die Erinnerungen von Rut und den Söhnen liest, wird darin keine unbeschwerte, warme, fröhliche Familienatmosphäre finden. Willy weilte in seiner Welt, empfindsam und empfindlich; das ist das Gegenteil von gefühlsarm.

Die Welt forderte von ihm immer größere Anspannungen und nährte seine Zweifel, ihnen gerecht werden zu können. Es gibt keine berufliche Ausbildung mit dem Lernziel eines Regierenden Bürgermeisters, eines Außenministers oder eines Bundeskanzlers. Erst, als er es wurde, ließ sich ermessen, ob er einer war, der Amt und Aufgaben erfüllte, sogar prägte. Er musste seinen Weg in seiner Welt finden. Ich kann mich nicht erinnern, mit ihm über die Maxime »Erkenne dich selbst« gesprochen zu haben. Aber genau dies musste er leisten, um Selbstbewusstsein zu entwickeln und sich durch aktuelle Aufgeregtheiten nicht irre machen zu lassen, sondern seinen Grundeinsichten zu folgen, vielleicht sogar Visionen, und dabei mit beiden Beinen auf dem Boden zu bleiben. Willy war ein Träumer mit Bodenhaftung, kein Ballonfahrer. Er verließ sich auf seinen inneren Kompass. Das gab ihm eine Selbstsicherheit, wie man sie selten findet, die Souveränität des »Ich«. Bei allen Unterschieden habe ich diese Selbstsicherheit sonst nur bei Adenauer und Kohl beobachtet. Das Gegenteil von Wetterfahnen und Beliebigkeit waren sie allemal.

Die bösartige Gemeinheit, mit der Adenauer 1961 die uneheliche Geburt, den Namenswechsel und die Emigration Brandts diffamierte und gleichzeitig behauptete, die Sowjets hätten die Mauer zu Unterstützung Brandts gebaut, verschlug ihm die Sprache. Das Gift, aus Hetze und Wahrheit gemischt, machte ihn wehrlos. Die Zumutung, sich gegen die Verunglimpfung eines Lebenswegs wehren zu sollen, auf den er stolz war, verletzte ihn zusätzlich. Diese Wunde blieb, auch nach der Befreiung des »Ich« zehn Jahre später in Oslo.

Jeder Mensch, der führen will, braucht Willen zur Macht. Das ist in der Wirtschaft, in der Wissenschaft oder im Kunstbetrieb nicht prinzipiell anders als in der Politik. Brandt hatte in allen Funktionen, in denen ich ihn beobachten konnte, den Willen zur Führung: in Berlin, in der Partei, im Auswärtigen Amt, in der Sozialistischen Internationale, die er von einer auf Europa begrenzten zu einer globalen Organisation ausweitete, als Bundeskanzler und als Vorsitzender der internationalen Nord-Süd-Kommission. Jede dieser Aufgaben stellte unterschiedliche Anforderungen an die Methode der Führung. Der Typ eines Diktators wäre gescheitert, selbst wenn er sich demokratisch getarnt hätte.

Hermann Höcherl, von dem das für einen Bundesinnenminister erinnernswerte Wort stammt, er könne nicht den ganzen Tag mit dem Grundgesetz unter dem Arm herumlaufen, sagte halb bedauernd, halb anerkennend über Brandt, er sei für das harte Geschäft zu weich. Mit diesem Irrtum stand er nicht allein. Gerade weil Brandt schon in der Emigration gelernt hatte, sich anzupassen, wurde er fähig, ein der jeweiligen Aufgabe entsprechendes Führungsmodell anzuwenden. Seine Antennen verarbeiteten viele Signale, ohne dass der sensible Mann sein Ziel aus den Augen verlor. Viele unterschätzten seine Fähigkeiten und glaubten, ihn manipulieren zu können. Wer ihn »Willy Wolke« nannte, erwies sich als Dummkopf. Brandt ließ sich von der Orientierung, die ihm sein innerer Kompass verlieh, nicht abbringen.

Wer fast fünfundzwanzig Jahre lang, länger als jeder andere seit Bebel, an der Spitze der SPD stand, der kannte diese Organisation und ihre Mechanismen, der wusste, wann und mit wem er zu telefonieren hatte. Kein Zweifel: Brandt hatte Machtbewusstsein. Ich war dabei, als er Schmidt zum ersten Mal in dessen Amtszimmer im neuen Bundeskanzleramt besuchte und der ihm sagte: »Willy, ich muss dir Abbitte leisten. Ich komme gerade so mit meinen Akten über die Runden und kann nur sagen: Ich weiß nicht, wie du auch noch die Partei gelenkt hast. Das hätte ich nicht gekonnt.« Das hörte Willy natürlich gern. Weniger gern hörte er, als ihm später zugetragen wurde, Schmidt habe es als Fehler bedauert, nicht auch den Parteivorsitz angestrebt zu haben. Kritisch-abwertende Bemerkungen Schmidts ärgerten ihn, verletzten sogar, aber sein Machtbewusstsein blieb davon völlig unberührt. Er wusste und sagte sogar: »Wenn ich wollte, würde Helmut in vierzehn Tagen nicht mehr Bundeskanzler sein.«

Brandts Machtbewusstsein wuchs auch aus dem Wissen, dass er der letzte SPD-Vorsitzende sein würde, der aus der Arbeiterbewegung kam. Er würde wohl für lange Zeit derjenige bleiben, der die Partei zu ihrem größten Wahlerfolg geführt hatte. Er empfand eine Verantwortung für seine SPD und ihre Zukunft, die weit über die Zeit der Koalition, die er durchgesetzt hatte, hinausreichte. Der Vorsitzende musste weiter blicken als der Bundeskanzler, der für den Bestand und die Stärkung der Koalition wirken musste. Schmidt konnte über die Grünen spotten, Brandt wollte sie als möglichen Partner nicht verlieren. Er durfte dem Ansinnen des Kanzlers nicht folgen, Erhard Eppler von seiner Rede auf der Großkundgebung der Friedensbewegung in Bonn abzuhalten. Er wollte und durfte die junge Generation nicht verprellen und musste zugleich den Regierungschef stützen.

Zweifellos hat die Personalunion von Parteiführung und Kanzlerschaft Vorteile, denn die Teilung der Funktionen ist kompliziert und wirft selbst unter der Voraussetzung eines persönlich reibungslosen Verhältnisses zwischen den beiden Führungspersönlichkeiten Entscheidungsfragen auf, die sich aus den unterschiedlichen Interessen der beiden Funktionen ergeben. Bei Brandt hatten wir es mit dem Glücksfall zu tun, dass sein Sowohl-als-auch seiner Natur entsprach. Zwar wurde er für dieses Verhalten kritisiert, aber der Selbstsichere ließ sich nicht beirren. Sein Lebensweg und sein innerer Kompass hatten ihm die bleibende Lehre erteilt: »Entweder oder«, »Freund oder Feind« sind bühnenwirksam oder diktatorengemäß, aber nicht einmal nach einer bedingungslosen Kapitulation ratsam. Und schon gar nicht, wenn man solide demokratische Erfolge erreichen will.

In erlaubter Vereinfachung kann man sagen: Die Politik Brandts bestand in der vielfachen Anwendung des Sowohl-als-auch. Brandt lehnte es immer ab, an geschichtliche Unabwendbarkeiten zu glauben. Zu verkünden, diese oder jene Entscheidung sei alternativlos, hätte er als politisches Armutszeugnis betrachtet. Mit Vernunft und Phantasie begabte Menschen werden stets Auswege finden, wenn sie erfolgsorientiert sind. Der Kompromiss stellt in der Demokratie die Regel dar, sofern es nicht um Gewissensfragen geht.

Diese Grundorientierung prägt auch das gemeinsame Papier von SPD und SED aus dem Jahr 1987, das das übergeordnete Interesse an der Erhaltung des Friedens feststellte. Die gesamte Entspannungspolitik basierte auf dem Prinzip, Stabilität in Europa zu vereinbaren, dabei aber gegenseitige ideologische Bekehrungsversuche zu unterlassen. Niemand wollte mich in Moskau zum Kommunismus verführen, und ich wollte niemanden zur Demokratie bekehren. Und auch Brandt wahrte ruhig und bestimmt seinen Standpunkt, ideologische Unterschiede seien nachrangig. Über die Grenzen würde die Geschichte entscheiden, sofern die Gewaltfreiheit oberstes Prinzip blieb.

Es gibt auch ein passives Sowohl-als-auch, an dem Brandt mitwirkte. Die sozialliberale Koalition widerrief nie die alte Bonner Position, dass zuerst die Einheit, dann die Entspannung kommen müsse, vollbrachte aber das Gegenteil. Sie nahm die alte Bonner Forderung nach deutscher Einheit in den Grenzen von 1937 nie förmlich zurück, schloss aber territoriale Ansprüche ostwärts der Oder-Neiße-Linie praktisch aus. Und auch die Sowjetunion stellte sich nie gegen den Beschluss des Warschauer Pakts, keine Verträge mit Bonn vor einer völkerrechtlichen Anerkennung der DDR zu schließen, unterlief ihn aber praktisch.

Unsere Entspannungspolitik wollte die Realität sowohl anerkennen als auch verändern. Wie erfolgreich sie die Wirklichkeit in Berlin, in Deutschland und in Europa verändern würde, ahnte niemand, als sie nach dem Bau der Mauer mit kleinen Schritten begann. Viele Menschen und Faktoren, auch das schon erwähnte Glück mussten für das Ergebnis zusammenkommen. Ein Faktor lag in der Persönlichkeit Willy Brandts. Mit dem Willen zur Macht ausgestattet, erlag er nie ihrer verführerischen Kraft, machte nie einen Menschen klein oder vernichtete ihn. Er hielt wenig von Beschlüssen zur Veränderung der Welt. Für die Aufgaben der Partei, der Regierung oder der nächsten Legislaturperiode bevorzugte er den sicheren Weg des Sowohl-als-auch, verlor aber nie seine Grundorientierung aus dem Blick. Sein innerer Kompass zeigte ihm den großen Horizont genauso wie die nächsten Ziele, denen er möglichst nahe kommen wollte.

Was war sein innerer Kompass? Natürlich eine gerechtere Gesellschaft. Die einen nannten das Sozialismus, die anderen Sozialdemokratismus. Es war kein Zufall, dass er sich einer genauen Definition verweigerte, denn er hatte keine. Nicht weniger erstaunlich: Es gab kein Gesamtkonzept, das hätte »Brandt-Plan« genannt werden können. Niemand vermisste das oder fragte danach. Brandt wurde von dem Vertrauen der Menschen getragen, dass er eine Orientierung hatte, der man folgen konnte. Auch das ist Charisma.

Die untadelige Gegnerschaft zum Nazireich, die klare Härte in der Verteidigung der Interessen Westberlins und die Glaubwürdigkeit seiner Entspannungspolitik: Mit der Summe dieser Eigenschaften erwarb Brandt Vertrauen in Ost und West. Seine Standfestigkeit war das Ergebnis überwundener Zweifel. Seine Erfahrung sagte ihm: Erst die Empörung über die Wirklichkeit setzt die Energie frei, um neue Wirklichkeiten zu schaffen. Sein Lebensweg war klar: Nicht Objekt bleiben, sondern die Selbstbestimmung des »Ich« gewinnen; dann die Selbstbestimmung des eigenen Landes und schließlich die Selbstbestimmung Europas.

In der gegebenen Situation gab es keinen anderen
Deutschen seines Zuschnitts. Das machte ihn zum Glücksfall für das Land, auch für Europa, ohne den die Geschichte
anders verlaufen wäre. Valentin Falin, lange Jahre sowjetischer Botschafter in Bonn und Begleiter der Vertragsverhandlungen, hat es so ausgedrückt: Ohne die Entspannungspolitik Brandts wäre Gorbatschow nicht Nummer
eins im Kreml geworden. Und ohne Gorbatschow hätte es
die Einheit nicht gegeben.

*

Ein Ausspruch Willys ist mir im Gedächtnis geblieben,
ohne dass ich wüsste, wann und wem gegenüber er ihn
gemacht hat: »Der Egon könnte vielleicht darunter lei-
den, dass er lange nicht als vollwertig angenommen
wurde.« Das hätte er auch von seiner lange unerfüllten
Erwartung sagen können, vom eigenen Land wirklich
angenommen zu werden. Für mich galt es während der
Wehrmachtszeit und der erstaunten Sorge, dass keine
Dienststelle die jüdische Großmutter in meiner Wehr-
stammrolle bemerkte.

Gewisse Parallelitäten in unseren Lebensläufen fielen
auf. Im Hause seiner Mutter wurde nie vom Vater gesprochen. Im Hause meiner Eltern wurde nie von der jüdischen Großmutter gesprochen, obwohl ich wusste, dass
mein Vater aus seinem geliebten Lehrerberuf entlassen
worden war, weil er es ablehnte, sich von seiner Frau
scheiden zu lassen. Das Wort »jüdisch« oder »Jude« fiel
nie. Die Weihnachtsfeste wurden immer bei der Groß-

mutter in Berlin gefeiert, im Kreise ihrer sieben Kinder mit dazugehörigen Ehepartnern. Onkel Fritz war nach Brasilien entkommen, und Onkel Kurt traf ich mit meinem Vater an einem Abend im Jahre 1934 am Anhalter Bahnhof mit geschorenem Kopf und ohne die beiden Goldzähne, die ihm im KZ Oranienburg herausgebrochen worden waren. »Fragt nicht« waren seine einzigen Worte, bevor er in den Zug stieg, um über Italien nach Shanghai zu fahren.

Der Altersunterschied zwischen Brandt und mir spielte keine Rolle für das Tabu der Abstammung: Er gab sich in der Emigration einen neuen Namen; ich bewahrte mein Tabu in der Wehrmacht. In den Jahrzehnten unserer Bekanntschaft und wachsenden Freundschaft sprachen wir niemals über dieses Erbe. Solange nicht einer von uns begann, sich aufzuschließen, stellte der andere keine Fragen. In diesem gegenseitigen Respekt gedieh eine Freundschaft, die großen politischen Einklang mit großen Unterschieden der Persönlichkeitsstruktur verband.

Über Schmidts jüdischen Großvater, von dem wir durch die Erinnerungen Giscard d'Estaings erfahren hatten, haben Willy und ich nie gesprochen. Helmut und ich auch nicht. Ich verstand sein Bedürfnis zu vermeiden, dass sein Name in Verbindung mit diesem Punkt in ein breiteres Bewusstsein gelangt. Und still dachte ich bei mir: Er ist der Dritte, der bei allen Unterschieden ein Thema hat, das zu Hause tabu gewesen war.

*

Meinen Traumberuf würde ich in der Welt der Musik finden. Das war seit meinen Kindheitstagen in Torgau ganz klar: die Musikerziehung im Johann-Walter-Chor, die Aufführungen von Oratorien, das fast absolute Gehör und die Fortschritte am Klavier, während es bei der Violine nur zur zweiten Geige im Schulorchester reichte.

Es kam ganz anders: 1974 versuchte ich, Lew Kopelew eine Reise in die Bundesrepublik zu ermöglichen. Er wollte die Geschichte des deutschen Arztes Friedrich Joseph Haass schreiben, der aus Münstereifel stammte und nach dem Dekabristenaufstand von 1825 als »Engel der Verbannten« bekannt geworden war. Für Münstereifel war der CDU-Abgeordnete Alois Mertes zuständig, ein aufrechter Gegner der Entspannungspolitik, dem die schwere Niederlage der Union beim Misstrauensvotum zwei Jahre zuvor unvergesslich war. Ich bat ihn um Unterstützung für Kopelew und erwähnte in unserem Gespräch etwas flapsig: »Ich wollte eigentlich Musik studieren, aber der Führer wollte es nicht.« Er bemerkte trocken: »Schade, noch ein Fehler Hitlers.«

Musik blieb mir unentbehrlich. Ich war deprimiert, als ich nach zwei Jahren Wehrmacht feststellen musste, dass ich am Klavier nicht dort weitermachen konnte, wo ich aufgehört hatte. Schon darum bewunderte ich später Helmut Schmidts konzertante Fähigkeiten. Brandt blieb musikalisch für mich ein Banause. Selbst wenn auf Reisen die Gastgeber glaubten, sie könnten ihm mit Volksmusik eine Freude machen, hörte er zwar höflich, aber ganz uninteressiert zu. Nicht einmal zur obligatorischen Weiberfastnacht, zu der die »Tollitäten« sogar in die Bonner

Parteizentrale kamen und das Funkemariechen tanzte, ließ er sich blicken. Nur einmal habe ich ihn in der Berliner Philharmonie mit ihrer hinreißenden Akustik gesehen – bei der Eröffnung. Ein Drang zu Oper, Theater oder Ausstellungen war nicht erkennbar. Bei Veranstaltungen, zu denen er gehen musste, hatte er gewöhnlich auch zu sprechen. Gemessen an der seltenen Chance, ungestört zu Hause lesen zu können, war es verständlicherweise wenig verlockend, nur zuhören zu sollen.

Mit Schmidt konnte ich Schach spielen, glücklicherweise auf einem vergleichbaren Niveau. Nicht vorstellbar, mit ihm über etwas gewagte Witze zu lachen. Willy und ich erzählten uns die jeweils neuesten. Wenn Willy sie in kleiner Runde erzählte, amüsierte er sich selbst am meisten darüber.

Brandt genoss Gespräche mit Schriftstellern, etwa mit denen der Gruppe 47. Er sog daraus Argumente, Gedanken, Warnungen und Anregungen, die er aus seinem politischen Alltag nicht gewinnen konnte, und verschmolz sie mit seiner Welt und seinen Orientierungen, in denen er sich sicher fühlte. Nie wäre ihm eine Formulierung in den Sinn gekommen, die Schmidt mehrfach benutzte: Er sei nur eine Fußnote der Geschichte. Selbst wenn das eine Tiefstapelei in der Erwartung von Widerspruch gewesen sein mochte, von dieser Art des Selbstzweifels hatte sich Brandt längst emanzipiert. Schmidt wiederum nahm beneidenswert aktiv am kulturellen Leben und an philosophischen Disputen teil und gewann eine geistige Breite, die Brandt nicht suchte.

Trotz solcher Unterschiede verband beide Männer,

dass sie sich ihren Aufstieg selbst gebahnt hatten. Weder der Rückkehrer aus der Emigration noch der ehemalige Wehrmachtsoffizier erfuhren eine Protektion, die sie zu Dank verpflichtet hätte. Beide Alphatiere gingen ihren Weg. Ihre unterschiedlichen Charaktere, Interessen und Talente hätten zu irreparablen Konflikten geführt ohne die Disziplin, die beide für die gemeinsame Sache von Partei und Staat verband.

Die mir zugewiesene Bezeichnung »Architekt der Entspannungspolitik« empfand ich als angemessen: Der Bauherr hieß Brandt. Er gab die Weisungen und wusste, wann und wo ich ihn zu fragen hatte. Ohne den Bauherrn wäre ich nie Architekt geworden. Zu Recht werden die geschichtlichen Bauwerke Deutschland und Europa mit dem Namen Brandt verbunden bleiben, während der ihres Architekten verblassen wird, nur noch Kennern oder Feinschmeckern gewärtig. Mit unseren Schriften wird es ähnlich sein. Ich habe viel unter dem Pseudonym Brandt veröffentlicht und nie damit geprahlt. Was er änderte, redigierte, annahm, mit oder ohne Rücksprache sich zu eigen machte, das war auch sein Eigentum. Wie das zwischen uns funktionierte, war einfach toll.

Ich hatte das Privileg genossen, Griechisch zu lernen, und weiß es bis heute zu schätzen. Weder Brandt noch Schmidt mussten erst Griechisch lernen, um die antike Weisheit »Erkenne dich selbst« zu praktizieren. Die notwendige Disziplin für die gemeinsame Sache machte ihnen Selbsterkenntnis zur zweiten Natur.

»Als wir Willy Brandt 1961 und 1965 als Kandidaten für das Amt des Kanzlers nominiert hatten, da hat keiner der Übrigen öffentlich zu verstehen gegeben, eigentlich sei er doch selbst der bessere Mann.« Dieses späte Geständnis Schmidts konnte der drei Jahre zuvor verstorbene Brandt nicht mehr lesen. Es hätte ihn amüsiert, denn es bestätigte nur seine Annahme. Die beiden sagten sich nie in letzter Offenheit, was sie voneinander hielten. Da mischten sich Respekt und Anerkennung mit subjektiven, ziemlich festgefahrenen Urteilen über die Schwächen des anderen. »Niemand kann aus seiner Haut«, hatte Brandt an Schmidt geschrieben. Das hätte Schmidt auch an Brandt schreiben können.

»Je älter ich werde, umso
linker werde ich.«

Im Büro des Parteivorsitzenden in Bonn hing ein Porträt Rosa Luxemburgs. Das Hauptquartier wurde von den Bonner Anfängen her immer noch »Baracke« genannt, obwohl es inzwischen repräsentativ und solide für die noch unabsehbar lange Periode der Teilung gebaut war. Das Bild der Reformkommunistin hing, für Besucher kaum zu übersehen, im Arbeitszimmer eines jener »schlappen« Sozialdemokraten, die sich wählen und wieder abwählen lassen. Auf diese Auffälligkeit angesprochen, erklärte Willy, er bewundere diese Frau für ihren Ausspruch: »Kein Sozialismus ohne Demokratie, aber auch keine Demokratie ohne Sozialismus.«

Als François Mitterrand 1981 zum Präsidenten Frankreichs gewählt worden war, zeigte sich Willy begeistert und begrüßte die Absicht, die Kommunisten mit in die Regierung zu nehmen. Ich war als Kind von Krieg und Kaltem Krieg da viel bedenklicher. Willy hatte noch in der Weimarer Zeit politisch zu denken begonnen und Erlebnisse verarbeitet, die mir fehlten. »Warte mal ab«, belehrte er mich, »das kann auch zur Marginalisierung der Kommunisten führen.« Einige Jahre später erkannte ich, dass Brandt und Mitterrand richtig kalkuliert und gehandelt hatten.

Wenn Willy aus seiner Emigrationszeit erzählte, erinnerte er gern an seine Begegnung mit Heinrich Mann in

Paris. Das war die Zeit, als die Kommunisten gleichermaßen gegen die Sozialdemokraten wie gegen die Nazis kämpften. Die Sozialisten in Frankreich hingegen praktizierten die Zusammenarbeit linker Kräfte in einer Volksfront, mit der Brandt sympathisierte. Damals hatte er auch den Kommunisten Hermann Axen kennengelernt, später Mitglied des Politbüros der SED, mit dem ich Mitte der achtziger Jahre auf Parteiebene eine atom- und chemiewaffenfreie Zone in Mitteleuropa vereinbarte. Bei einem seiner Besuche in Bonn äußerte Axen den Wunsch, dem inzwischen großen Willy Brandt die Hand zu drücken. Willy stimmte gern zu und duzte, mehr als fünfzig Jahre nach ihrer Pariser Begegnung, den schüchternen Hermann, der das vor Aufregung zuerst gar nicht wahrnahm, Brandt siezte und sich später Vorwürfe machte, Willy könnte das missverstanden haben.

Axen hatte einen Urlaub Honeckers abgewartet, um die Genehmigung von Egon Krenz zu erhalten, mich und meine Frau auf den Darß einzuladen. Das Politbüro hatte ihm dort ein ansehnliches, aber nicht üppiges Haus zum privaten Gebrauch zugewiesen. Auf der Rückfahrt nach Berlin fühlte er sich sicher, nicht abgehört zu werden, sagte das auch und erinnerte sich bewegt an die Begegnung mit »Willy« in Bonn. Nur drei Jahre jünger als Brandt, bezeichnete er sich als Kind der Arbeiterbewegung. Seit der Zeit in Paris habe ihn der Gedanke nie verlassen, dass die Spaltung der linken Bewegung schrecklichen Schaden verursacht habe und für die Katastrophen, die dann folgten, zumindest eine Mitschuld trage. Es wäre des Schweißes der Edlen wert, diese Spaltung zu überwinden. Als

Patriot wolle er dieses Ziel für unser Land und darüber hinaus im Auge behalten. Es sei kein Widerspruch, wenn er als Parteisoldat über solche Vorstellungen nicht überall offen sprechen könne. So habe er seine Mitarbeiter bei den Gesprächen über ABC-Waffen gemahnt, nicht zu vergessen, dass diese Westdeutschen schließlich Klassenfeinde seien. Ich zeigte Verständnis und konnte ihm bestätigen, dass ich mich vergleichbar verhalten hatte, als ich meine Mitarbeiter vor falscher Kameraderie gewarnt habe.

Mitte der achtziger Jahre wiesen SPD und SED in einer gemeinsamen Arbeitsgruppe der Erhaltung des Friedens die Priorität vor allen weiter bestehenden ideologischen Unterschieden zu. In einer »Kultur des Streits« sollte die »offene Diskussion über den Wettbewerb der Systeme« geführt werden, was in der Führungsetage der SED erheblich mehr Widerstand auslöste als in der SPD.

*

In seiner Zeit als Außenminister hatte Willy mich gebeten, mit seinem Freund Leo Bauer, der enge Kontakte nach Italien pflegte, und Sergio Segre zusammenzutreffen, dem zuständigen ZK-Sekretär der italienischen kommunistischen Partei, um diesem unsere Außen- und Sicherheitspolitik zu erläutern. Die Absicht war: Moskau sollte auf diesem Wege gewissermaßen das Original unserer Überlegungen erhalten und nicht auf verkürzte oder sogar falsche Informationen von Ulbricht angewiesen sein. Das ausführliche Gespräch mit Segre fand am Vorabend des Tages statt, an dem ich Reinhard Gehlen und den Bundesnachrichtendienst besuchen sollte. Gehlen erläuterte mir Struktur und Arbeitsweise des BND, ohne ein Wort darüber zu verlieren, dass er Segre, Bauer und mich in einem Münchner Hotel abgehört und darüber den Bundeskanzler informiert hatte. Kiesinger akzeptierte meine mündliche Erläuterung.

Ich lernte Leo Bauer als linken Sozialisten kennen. Er war der einzige Mensch, der sich als Freund sowohl von Willy Brandt als auch von Herbert Wehner bezeichnen konnte. Damals hatte ich noch keine Ahnung von seinem abenteuerlichen Lebensweg. »Ich war immer Sozialist, nur habe ich an eine falsche Macht geglaubt« – unter diesem Motto stand 1932 der Eintritt des enttäuschten jungen Sozialdemokraten in die KPD. Aus der »Schutzhaft« der Nazis entlassen, floh er 1933 über Prag nach Paris, saß dort bis 1939 in der Führung der Exil-KPD, floh 1940 aus französischer Internierung in die Schweiz, wurde dort 1942 erneut verhaftet und interniert, 1945 nach Deutschland entlassen, in Hessen Fraktionsvorsitzender der KPD, in Ostberlin Chefredakteur des Deutschlandsenders, 1950 verhaftet und von einem sowjetischen (!) Militärtribunal wegen Spionage zum Tod verurteilt, nach Stalins Tod 1953 zu fünfundzwanzig Jahren Haft in Sibirien verurteilt und 1955 als einer der 10 000 Kriegsgefangenen, die Adenauer während seines Moskaubesuchs freibekommen hatte, durch Glück in die Bundesrepublik und nicht in die DDR entlassen. Er trat der SPD bei und wurde, nachdem ich Nannen abgesagt hatte, mit der Aufgabe betraut, aus der Illustrierten *Stern* eine politische Zeitschrift zu entwickeln. Schließlich wurde er Chefredakteur der *Neuen Gesellschaft* und auch ohne Amt und Titel Repräsentant und Motor der Beziehungen der SPD zur KPI. Genau zwei Monate vor der historischen »Willy-Wahl« starb er 1972 an einem besonders grausamen Krebs.

Dieser linke Sozialist war nicht weniger infam den gleichen Verdächtigungen wie Brandt und Wehner ausgesetzt gewesen. Ich fühlte mich ihm freundschaftlich verbunden und schätzte ihn als einen sensiblen, intelligenten und sympathischen Menschen, dessen Weg ihm ein Selbstbewusstsein verschafft hatte, das ihm einen eigenen Standpunkt gegenüber Brandt und Wehner ermöglichte.

»Karrieren eines Außenseiters – Leo Bauer zwischen Kommunismus und Sozialdemokratie« hieß die Biographie des heute weitgehend Vergessenen, die 1983 erschien. Am Ende des Buches ist unter dem Titel »Zur Tradition und Identität der SPD« ein Interview mit Willy Brandt abgedruckt, das nach seinen Lebenserfahrungen seit Weimar »aus heutiger Sicht« fragt. »Die wohl wichtigste Lehre aus Weimar ist für mich, dass unnütz darüber gestritten wurde, ob Demokratie oder Sozialismus den Vorrang zu beanspruchen hätte«, begann Brandt. »Das geschichtliche Versagen beider – oder aller drei – Hauptrichtungen der alten Arbeiterbewegung liegt darin, dass nach dem Krieg die Demokratie nicht hinreichend gesichert war. Ich bleibe davon überzeugt, dass Hitler zu verhindern gewesen wäre, wenn sich die Spaltung der Arbeiterbewegung insoweit noch hätte überwinden lassen. Die geschichtliche Verantwortung hierfür lastet besonders stark auf der KPD und ihrer Moskauer Vorherrschaft. Die Arbeiterbewegung im Ganzen hatte kein hinreichend entwickeltes Verhältnis zur Ausübung demokratischer Staatsmacht.«

Auf einen »gemeinsamen Erfahrungshorizont« angesprochen, führte Brandt aus: »Der generationsmäßige Hintergrund sollte insgesamt wichtig genommen werden. Nicht nur Linkssozialisten und Ex-Kommunisten wie Leo und ich, sondern auch die meisten Gleichaltrigen, die ihrem Selbstverständnis nach immer Sozialdemokraten blieben, empfanden sich zu unserer Zeit als Söhne und Töchter der einen Arbeiterbewegung, die während des Weltkrieges gespalten worden war und von der man hoffte, dass sie doch wieder zusammenfinden werde.«

Aufschlussreich, dass der Ex-Kommunist Wehner in diesem hellsichtigen Rückblick keinen Platz fand. Wehner war sechs Jahre älter als Bauer, der wiederum auf den Tag genau ein Jahr älter als Brandt war. Jedenfalls bewies Brandt 1983, als das Interview stattfand, eine erstaunlich gegenwärtige Erinnerung an die Kriegs- und unmittelbare Nachkriegszeit. Und eine bemerkenswerte Kontinuität seines Denkens, denn als Führungsmitglied der SPD-Landesgruppe Schweden hatte er 1946 seinen schwedischen Freunden übermittelt: »Es ist jedenfalls eine Tatsache, dass die große Chance zur Bildung einer einheitlichen Arbeiterbewegung in Deutschland unmittelbar nach dem Zusammenbruch des Hitler-Regimes gegeben war und dass diese Chance nicht ausgenutzt wurde.« So schrieb er, als in Berlin die Verschmelzung von KPD und SPD administrativ vorbereitet wurde. In dem Interview von 1983 formulierte er sein Bedauern, dass die Zahl derer schmilzt, die noch Menschen aus der alten »Bebel-Partei« kennengelernt hatten. Wer ihm damals gesagt hätte, dass nur wenige Jahre später der Papst der Kommunisten in Moskau ihn in seinem Ziel bestärken würde, die Spaltung der Arbeiterbewegung zu überwinden, den hätte er für einen Spinner gehalten.

*

1985 zog Michail Gorbatschow als Generalsekretär der KPdSU im Kreml ein. Die drei Begegnungen zwischen ihm und Brandt in den Jahren 1985, 1988 und 1989 bildeten einen aufregenden und unvollendeten Abschnitt der Beziehungen zwischen Sozialdemokratie und Kommunismus. Die erste verlief noch harmlos mit der Erörterung der Berichte der Brandt- und der Palme-Kommission. Beide Papiere beurteilten die neu entstandene globale soziale Frage ähnlich, beide waren von Sozialdemokraten verfasst worden. Deshalb agierte Brandt vorsichtig. Er übersah nicht, dass Gorbatschow seiner Partei neue Anziehungskraft verschaffen und nach den Verbrechen Stalins die Ideen Lenins zu neuem Leben erwecken wollte. Diese Perspektive erschien Brandt alles andere als anziehend.

Bald darauf lief ich aufgeregt zu Willy und zitierte die jüngste Erklärung von Gorbatschow: »Wir brauchen Demokratie wie die Luft zum Atmen.« Damit sei der geschichtliche Kampf zwischen Evolution und Diktatur des Proletariats entschieden. Brandt mahnte, darüber nicht öffentlich zu reden: »Wir wollen es ihm nicht noch schwerer machen, als er es ohnehin hat.«

In der zweiten Begegnung betonte Gorbatschow, er

habe keine Bedenken hinsichtlich einer Zusammenarbeit mit den Sozialdemokraten, auch wenn unterschiedliche Positionen vertreten würden und jede Partei ihren Weg selbst bestimmen müsse. Er schlug vor, dass ein paar Leute aus beiden Parteien versuchen sollten, die Geschichte des Bruchs der Arbeiterbewegung aufzuarbeiten. Das war faszinierend und höchst gefährlich. Auf der einen Seite spürte ich an der Art, wie Willy seine Antwort abwog, dass seine kaum eingestandenen Träume virulent wurden. Auf der anderen Seite würden wir innenpolitisch in der Luft zerfetzt werden. Ich sah schon vor mir, wie das alte Hetzplakat Adenauers neu gedruckt werden würde: »Alle Wege des Sozialismus führen nach Moskau.« Wir verstanden uns wie immer wortlos. Willy sagte: »Der Egon rutscht ganz nervös auf seinem Stuhl herum, ich glaube, er will etwas sagen.« Mein Vorschlag, zunächst mit der Abstimmung über konkrete Rüstungsbegrenzungen und die Ausgestaltung des europäischen Hauses zu beginnen, fand die Gnade beider.

Dennoch wollte Gorbatschow eine marxistisch-leninistische Elite für die Diskussion mit dem »revisionistischen« Vorsitzenden der Sozialistischen Internationale aufbieten. Brandt bekannte, »Das Kapital« nicht vollständig gelesen zu haben. Marx hätte weder den Elektromotor noch die Kernspaltung voraussehen können. Er sei ein großer Denker gewesen und bleibe es. Der Erfolg der sozialdemokratischen Parteien bestehe aber gerade darin, kein geschlossenes System zu haben, sondern das jeweils Nötige möglich zu machen. Er beharrte auf dem Prinzip der Evolution. Ein Echo kam nicht. Die Mitglieder der ideologischen Elite hatten sich darauf nicht vorbereitet.

Für die dritte Begegnung hatte Brandt die Überschriften des Entwurfs für ein neues SPD-Grundsatzprogramm übersetzen lassen. Gorbatschow las sie und reagierte begeistert: »Das sind meine Themen.« Brandt enthüllte deutlicher als jemals zuvor seine Hoffnung oder Vision: Statt des Geredes über das Ende des Sozialismus sollte einmal gesagt werden, dass er in einem großen Teil der Erde gerade erst neu anfängt. Gorbatschow folgerte zustimmend: »Der Prozess des Zusammenführens sollte vorangehen. Die Spaltung von 1914 ist überwindbar.«

Auf dem Rückflug von Moskau war Brandt nachdenklich. Er war in Michail Sergejewitsch Gorbatschow einem Menschen begegnet, der ihm verwandt war in dem Mut, »neues Denken« zu wagen, der aber ausgestattet war mit einer Macht, über die er selbst nie verfügen würde. Der Sozialist in ihm fühlte sich gestärkt in der Überzeugung: »Die Idee kann nicht sterben, solange Kinder an Hunger sterben.«

Nicht nur die Ergebnisse seiner Kommission, sondern auch die Diskussion darüber, zumal von Seiten konservativer Regierungen und der Wirtschaft, die Brandt als Verhöhnung empfand, hatten seinen Standpunkt nach links rücken lassen. Die Idee einer »gemeinsamen Sicherheit« und der Hinweis auf die schreiende Ungerechtigkeit, irrsinnige Summen für die Rüstung, aber kaum etwas für die Bekämpfung der Armut auszugeben, waren ihm als »Weltfremdheit« vorgeworfen worden. Er war verletzt, aber nicht getroffen. Im Zusammenwirken mit dem charismatischen Gorbatschow schöpfte er neue Hoffnung: »Das kann weit führen.« Aus dem organisierten Wahnsinn könnte organisierte Vernunft werden, sogar im eigenen Land. Er fragte: »Was werden deine Brüder in Ostberlin dazu sagen?« Meine Antwort nahm er hin: »Das wird für sie unbequem, aber der Weg ist durch das gemeinsame Papier von SPD und SED abgesteckt.« Brandts Erwartung gewann geschichtliche Dimension: »Wenn die Kommunisten nach rechts rücken, dann treffen sie auf Sozialdemokraten. Das öffnet für die Sozialdemokratie eine große Chance in Europa.« Nicht zum ersten Mal hörte ich ihn sagen: »Je älter ich werde, umso linker werde ich.«

*

Am Tag nach dem Mauerfall, dem 10. November 1989, flogen Willy und ich zu der großen Kundgebung vor »unserem« Schöneberger Rathaus nach Berlin. Er pinselte auf eine seiner Rednerkarten Stichworte, darunter: »Jetzt wächst zusammen, was zusammengehört.« Mehr als zwanzig Jahre später las ich in einem Artikel des schleswig-holsteinischen SPD-Politikers Gert Börnsen, dass Brandt 1961, kurz nach dem Mauerbau, vor dem Berliner Abgeordnetenhaus davon gesprochen habe, »dass zusammenwachsen werde, was zusammengehört«. Das ist ein Beispiel für die von mir immer wieder beobachtete Fähigkeit Brandts, Erinnerungen, die er in seinem Gedächtnis gespeichert hatte, abrufen zu können, wenn er sie brauchte. Ein anderes, bereits erwähntes Beispiel war, dass er bei der Vorbereitung seiner Parteitagsrede 1960 in

Hannover meine Bemerkung über eine deutsche Atombewaffnung aus dem Jahre 1957, über die wir nie gesprochen hatten, präsent hatte und mir vorhielt. Und noch ein drittes Beispiel: Die Parole in seiner ersten Regierungserklärung 1969: »Mehr Demokratie wagen«, machte Furore und löste eine Debatte darüber aus, wer sich rühmen könne, zur Demokratie in Deutschland einen Beitrag geleistet zu haben. Nach dem schrecklichen Verbrechen Anders Breiviks auf der norwegischen Insel Utøya reagierte der norwegische Ministerpräsident: »Wir müssen mehr Demokratie wagen.« Danach gab es für mich keinen Zweifel mehr, wo die Quelle dieses fundamentalen Ausspruchs lag.

Nach der am 3. Oktober 1990 vollzogenen Einheit proklamierte Bundeskanzler Helmut Kohl als nächstes großes Ziel, die innere Einheit zu erreichen. Dabei wurde er von allen großen Parteien unterstützt. Vor der Enquête-Kommission des Bundestages erklärte er: »Wenn man mich gefragt hätte, hätte ich gewusst, was ich mit den Akten der Stasi gemacht hätte.« Er wurde leider nicht gefragt, aber er war Brandts Einschätzung sehr nahe: In Spanien hätte es einen Bürgerkrieg gegeben, wenn dort die deutsche Methode Vorbild gewesen wäre. Und: »Die Ostdeutschen dürfen nicht nachträglich mit anderen Maßstäben gemessen werden als die Hinterbliebenen des Dritten Reichs.« Helmut Schmidt formulierte den gleichen Gedanken: »Es ist schädlich, dass nach 1990 mit den Kommunisten schlimmer umgegangen wurde als 1945 mit den Nazis.« Auch Genscher und Lafontaine gehörten zu dieser ganz großen Koalition. Sie konnte sich nicht gegen den

Willen der Bürgerrechtler aus Ostdeutschland durchsetzen, durch den in Westdeutschland der Eindruck entstand, die Stasi sei gleichbedeutend mit der DDR gewesen. So wurden aus den Brüdern und Schwestern Ossis und Wessis, und mehr als zwanzig Jahre später wird überlegt, wann die volle Rechtsgleichheit erreicht werden soll.

Was bleibt

Brandts Themen sind aktuell geblieben: 2013 steht die Welt vor der Aufgabe, für den riesigen Kontinent Asien Stabilität zu erreichen, derjenigen vergleichbar, die die beiden Supermächte am Ende des Ost-West-Konflikts für Europa geschaffen haben. Brandts zentraler Satz gilt noch immer: Frieden ist nicht alles, aber ohne Frieden ist alles nichts. Als er ihn formulierte, konnte die Welt noch nicht sicher sein, ob die Staatsmänner in Washington und Moskau weise, verantwortungsvoll und vernunftbegabt genug sein würden, sich nicht durch Emotionen über die Grenzen des bloß kalten Krieges drängen zu lassen.

Die Aufgabe in Asien ist ungleich schwieriger geworden. Zwar sind die beiden Großen die einzigen Staaten geblieben, die über die Zweitschlagfähigkeit ihrer interkontinentalen Atomraketen verfügen, doch können sie nicht mehr befehlen und allein entscheiden, was ihre Schutzbefohlenen, Freunde oder Verbündeten zu tun oder zu unterlassen haben. Auch wenn Chinas Atomwaffe noch weit unterhalb der Zweitschlagfähigkeit bleibt, ist die neue Großmacht doch schon stark genug, Weisungen aus Washington oder Moskau nicht folgen zu müssen. Das gilt auch für Indien und Pakistan sowie für die nicht nuklear gerüsteten Mächte Indonesien und Japan und sogar für Australien und Neuseeland.

Die Wahrscheinlichkeit spricht dafür, dass Barack Obamas Umstellung der amerikanischen Außen- und Sicherheitspolitik gegenüber Moskau von der Konfrontation zur Kooperation jetzt eine stärker globale Dimension erhält. Was damals, zu Beginn der siebziger Jahre, mit Erfolg praktiziert wurde, werden andere jetzt neu lernen: Nicht Demokratie und Menschenrechte, nicht einmal die Freiheit, sondern der Frieden muss global der oberste Wert bleiben. Auch für Partner, die nicht die politischen Strukturen westlicher Demokratien teilen, bleibt der Dialog das Mittel, um mit Vernunft Konflikte zu regeln und Interessen auszugleichen. Keines der großen globalen oder regionalen Probleme ist militärisch wirklich lösbar. Der Verzicht auf Gewaltanwendung ist aktuell geblieben, nicht nur als Stärke des Schwächeren, sondern auch als Basis für die Großen, ihrer globalen Verantwortung gerecht zu werden.

Die Idee lag nahe. Als Freund fragte ich Willys ältesten Sohn Peter, was er von einem Gesprächskreis hielte, der sich mit der Frage beschäftigt, was von den politischen Vorstellungen seines Vaters bleibt. Außerdem fragte ich Günter Grass, den kritischen Freund, der sich gerade wieder einmal in einer schwierigen Phase seines Verhältnisses zur SPD befand. Er erklärte sich sofort bereit, mitzumachen. So fand sich eine Gruppe zusammen, deren Mitglieder aus beiden Teilen des vereinten Landes kamen, intellektuell unabhängig, mit oder ohne parteipolitische Bindung, aber alle der Haltung Willy Brandts verbunden, links von der Mitte zu versuchen, die Kluft zwischen Macht und Geist etwas schmaler zu machen. Zu den Gründern des Willy-Brandt-Kreises zählten Günter Gaus und Christa Wolf, beide inzwischen verstorben, und unter anderen Christine Hohmann-Dennhardt, Jens Reich,

Klaus Staeck und Friedrich Schorlemmer, der seit geraumer Zeit unsere Zusammenkünfte leitet. Die Themen werden nicht knapp.

Willy schenkte mir zu meinem Geburtstag 1971 die Erinnerungen von Heinrich Brüning, in die er die Widmung schrieb: »So nicht!« Damals, auf dem Höhepunkt der Weltwirtschaftskrise 1930, hatte überzogenes »Nur-Sparen« die Gegner der Republik gestärkt, die Demokratie geschwächt und zu ihrem Ende beigetragen. Wenn zu viele Menschen in Not geraten und die Hoffnung verlieren, gerät die Demokratie in Gefahr. Das ist in Griechenland zu beobachten, verstärkt durch außenpolitischen Druck, der die Würde des Landes verletzt.

Das »So nicht!« heißt auf die Gegenwart übertragen: Die Gefahr für die Demokratie existiert, nicht nur auf europäischer Ebene. Die Menschen verstehen, dass Wirtschafts-, Währungs- und Handelsfragen von den immer noch unentbehrlichen Nationalstaaten auf Europa übertragen werden. Aber der normale Bürger ist kein Experte, der den Zahlen- und Buchstabensalat der Finanzkonstruktionen, der Staatsfinanzierung oder der »Bankenrettung« entziffern kann. Er liest, sofern er sich dieser Mühe noch unterzieht, von den Auseinandersetzungen zwischen dem mächtigen EU-Rat, der EU-Kommission und einem europäischen Parlament, das um die vollen Rechte einer Volksvertretung kämpft. Kurz: Immer mehr Menschen spüren, dass aus der großen Idee Europa ein unüberschaubarer Kompetenzkampf von Verwaltungen geworden ist. Wenn sie sich abwenden, droht die Seele Europas verlorenzugehen.

Demokratie ist eine europäische Erfindung. Die politische Gewalt wird durch freie Wahlen von dem Souverän, dem Volk, an die Regierung delegiert, aber nicht an den Markt. Die Politik soll die Interessen der Allgemeinheit vertreten. Das kann sie nur, wenn sie der Wirtschaft durch Gesetze Rahmen und Regeln setzt, in denen sie ihren auf Gewinn angelegten Interessen folgen kann. Anders gesagt: Die Demokratie muss über dem Markt stehen.

In der rauen Wirklichkeit entdeckte die Finanzwirtschaft vor der Jahrtausendwende die Möglichkeit, das Geld von der Produktion zu lösen. Die weltweite Gier nach dem virtuellen Geld schuf eine Blase. Als sie platzte, gab es zur Rettung der Banken nur die Staaten. Ihre Rettungspakete erreichten bis dahin unvorstellbare Summen, mit denen die Staaten sich und ihre Bürger verschuldeten. Das kann nicht endlos weitergehen. Wer oder was soll am Ende die Staaten retten?

Dem Motto Willy Brandts »Mehr Demokratie wagen« stellte Angela Merkel ihr »Mehr Freiheit wagen« entgegen. Diese Parole führte zu ihrer »marktkonformen Politik«. Die Märkte trieben die Staaten vor sich her oder degradierten sie durch Rating-Agenturen. Die Aufgabe heißt: den »politikkonformen Markt« zu schaffen. Deutschland als wirtschaftsstärkstes Land in der Mitte Europas hat dafür eine besondere Verantwortung. Es sollte unsere europäischen Nachbarn für dieses Ziel gewinnen. Dort gibt es ein wachsendes Verständnis dafür, dass unser Kontinent seine Substanz verliert, wenn er die Demokratie verliert. Mit einer solchen Orientierung hätte Europa noch immer genügend Gewicht in unserer multipolaren Welt. Denn kein Staat muss Demokratie nach westlichem Vorbild leben, um die Politik dem Markt überzuordnen. Ein globaler Konsens für diese Orientierung ist wahrscheinlich.

George Soros, geborener Ungar und amerikanischer Bürger, warnte nach dem Zusammenbruch des sowjetischen Systems, dass auch der Kapitalismus zusammenbrechen werde, wenn er sich nicht als reformfähig erweise. Mit seinen Einsichten in die Mechanismen der Finanzwirtschaft verdiente er nochmals mehrere Milliarden Dollar: Es lebe der Kapitalismus, solange er lebt! Es sieht so aus, als hätte Soros recht, als hätten wir es tatsächlich mit einer Krise des Systems zu tun und nicht etwa nur mit einem Fehler im System. Es gibt demokratische Ansätze im Westen, den Kapitalismus zu reformieren. Unabhängig davon wird der größere Teil der Welt »seinen« Kapitalismus weiterentwickeln.

Eine der größten Herausforderungen unseres Jahrhunderts bleibt das Internet. Es hat schon begonnen, das Leben in unserer Welt stärker zu verändern als die Erfindung der Buchdruckerkunst. Es hat lange gebraucht, ehe die Mehrheit der Menschen lesen und schreiben lernte. Das Internet erleichtert das Leben, schafft aber auch neue kriminelle Gelegenheiten und, wie jeder technische Durchbruch in der Geschichte, neue militärische Anwendungsmöglichkeiten. Eine davon heißt Cyberwar, ist schon einige Male erprobt worden und wird streng geheim gehalten. Man weiß ja, welches Land welche neuen Fähigkeiten entwickelt. Alle Versuche, das Netz zu kontrollieren, sind bisher erfolglos geblieben, sei es in Amerika, in der NATO, in Deutschland, Russland oder China.

Alle Menschen, die durch die grenzenlose digitale Technologie verbunden sind, verfügen weltweit und gleichzeitig über denselben Informationsstand und können aktiv kommunizieren. Der arabische Frühling war ein Ergebnis dieser Vernetzung, ebenso – in unterschiedlicher nationaler Ausprägung – Aufbegehren und Unruhen sich mündig fühlender Bürger überall in der Welt, von Amerika bis China. Aber auch die Manipulierbarkeit der Nutzer und der Öffentlichkeit durch die Netzbetreiber ist gewachsen.

Die neue Technologie bringt neue Waffensysteme. Sie sind treffsicher mit globaler Reichweite und der strategischen Wirkung von Atomwaffen. Ein breites Arsenal von Drohnen »erlaubt« es, mittels grenzenloser Kommunikationstechnologie grenzenlos zu töten. Man kann sicher sein, dass diese Technik kein amerikanisches Monopol bleiben wird.

Die neuen Herausforderungen unseres Jahrhunderts sind nicht nur technologischer und militärischer Art, sie betreffen auch die Umwelt, worauf schon die Brandt-Kommission hingewiesen hatte. Weltweit nehmen die Wasservorräte bedrohlich ab, und falls die Klimaerwärmung bis zum Ende des Jahrhunderts vier Grad erreichen sollte, könnten sich sämtliche Staaten gezwungen sehen, ihre Kräfte im Interesse des gemeinsamen Überlebens zu bündeln.

»Links und frei« hat Willy Brandt die Beschreibung

seines Weges zwischen 1930 und 1950 genannt – von Lübeck nach Berlin, vom linken Sozialisten zum Sozialdemokraten. Das Buch handelt vom Kampf für die Freiheit des Einzelnen und für eine Gesellschaft ohne Not und Hunger, und es erzählt von der Hoffnung auf eine gerechtere, friedliche Welt, die schon einmal durch reaktionäre Verblendung, geschichtslose Kurzsichtigkeit und gefährliches Wunschdenken enttäuscht worden ist. In der Folge sind weite Teile Europas verwüstet worden, mit Auswirkungen bis heute. »Ein nächstes Mal dürfte es unvergleichlich schlimmer werden. Es gibt nichts Wichtigeres als dies: einen dritten Weltkrieg verhindern zu helfen.« So lautet der Schluss des Vorworts, das Brandt im Frühjahr 1982 zu diesem Buch geschrieben hat. Auch dreißig Jahre später bleibt aktuell: Frieden ist nicht alles, aber ohne Frieden ist alles nichts.

Personenregister

Abrassimow, Pjotr   116
Adenauer, Konrad   11–14, 17, 24 f., 27 f., 34 ff., 42, 54, 74, 76, 154, 201, 216, 220
Agnew, Spiro   109
Ahlers, Conrad   77
Albertz, Heinrich   18, 21, 26, 47, 58, 80, 199
Allardt, Helmut   79, 92 f.
Altmaier, Peter   198
Amin, Hafizullah   173
Andropow, Juri   81
Arbatow, Georgi   81, 86
Arnold, Karl   11
Axen, Hermann   106, 214

Barzel, Rainer   52 f., 72, 124, 126 f.
Bauer, Leo   215–218
Bebel, August   24 f., 202, 219
Beitz, Berthold   102, 105
Ben-Gurion, David   28
Ben-Nathan, Asher   76
Bender, Peter   189
Bismarck, Otto von   24 f., 60

Blumenthal, Roy   27 f.
Böll, Heinrich   157
Borm, William   52
Börner, Holger   169
Börnsen, Gert   222
Bourdin, Paul   12
Brandt, Lars   9
Brandt, Peter   226
Brandt, Rut   27, 34, 36, 130, 145, 161, 166, 200
Breivik, Anders   223
Brentano, Heinrich von   21, 31
Breschnew, Leonid   95 ff., 110, 114, 124, 127, 133, 139 f., 145 f., 156, 163 f., 168 f., 173, 178, 183
Brüning, Heinrich   227

Carter, Jimmy   172
Ceausescu, Nicolae   67
Chruschtschow, Nikita   21, 39, 41, 90
Clay, Lucius D.   40
Clinton, Bill   187

Cyrankiewicz, Józef 102, 104, 107
de Gaulle, Charles 180, 182, 195
Deutschkron, Inge 59
Diehl, Günter 61
Dietrich, Marlene 29 f.
Douglas, Kirk 109
Dubček, Alexander 67
Duckwitz, Georg Ferdinand 58, 70, 93

Ebert, Friedrich 24 f.
Ehmke, Horst 127 f., 130, 136 f., 142 f., 159, 197
Ehrenberg, Herbert 159
Eisenhower, Dwight D. 23
Engels, Friedrich 100
Eppler, Erhard 203
Erhard, Ludwig 17, 47, 51
Erler, Fritz 17

Falin, Valentin 81, 86, 88 f., 92, 94, 110, 112 ff., 118, 146, 165, 207
Fechter, Peter 41
Federer, Georg 57
Fischer, Joschka 57, 60
Frank, Paul 77
Franke, Egon 108
Friderichs, Hans 157

Gaitskell, Hugh 192 f.
Gandhi, Mahatma 196

Gaus, Günter 119, 148, 161, 226
Gehlen, Reinhard 216
Genscher, Hans-Dietrich 52, 60, 93, 96, 159, 162 f., 170 ff., 223
Giscard d'Estaing, Valéry 167, 208
Globke, Hans 56, 74
Goerdeler, Carl Friedrich 25
Gomułka, Władysław 103, 107
Gorbatschow, Michail 165, 171, 183 f., 207, 219–222
Grabert, Horst 142, 151, 159
Grass, Günter 105, 226
Gromyko, Andrei 30, 63, 66, 77 f., 80 ff., 84 ff., 88–96, 115, 118, 135, 140, 145, 148, 193
Grotewohl, Otto 13
Guillaume, Günter 159 f., 162–165

Haass, Friedrich Joseph 209
Hallstein, Walter 57, 61, 190
Hammarskjöld, Dag 23
Harpprecht, Klaus 144
Harrison, Hope 39
Heath, Edward 178, 195
Hedtoft, Hans 58
Heinemann, Gustav 69, 78, 134
Herwarth, Hans von 58
Heuss, Theodor 14, 24
Hindenburg, Paul von 25

Hirohito (japan. Kaiser) 23
Hitler, Adolf 25, 102, 209, 217 f.
Höcherl, Hermann 202
Hohmann-Dennhardt, Christine 226
Honecker, Erich 97, 114, 121, 123, 125 f., 134 ff., 141, 149, 152 f., 155 f., 161, 163 ff., 174, 214
Horn, Gyula 68

Jahn, Gerhard 160
Johnson, Lyndon B. 40
Jürgens, Curd 76

Kaiser, Jakob 11 f., 14
Kennan, George 192
Kennedy, John F. 24, 28, 32, 39–42, 47, 49, 181
Kiesinger, Kurt Georg 52 f., 59, 67 ff., 72 f., 216
Kinkel, Klaus 60
Kissinger, Henry 73, 75–78, 95, 109–112, 114, 133 f., 157, 184 f., 194
Klein, Günter 21
Kliszko, Zenon 103, 105
Kohl, Helmut 87, 97 f., 106 f., 119, 171, 176, 187, 201, 223
Kohl, Michael 104, 116–122, 124 f., 129, 136, 139, 141 f., 147 f., 150
Kopelew, Lew 209
Kossygin, Alexei 73, 76 f., 82–86, 95

Krapf, Franz 57
Kreisky, Bruno 30, 38
Krenz, Egon 214
Kwizinski, Juli 186 f.

Lafontaine, Oskar 223
Laird, Melvin 184
Leber, Georg 84, 159
Leber, Julius 24 f.
Lednew, Waleri (»Leo«) 77, 79–82, 86 f., 91, 94, 96, 110, 124, 168, 173
Lemmer, Ernst 14
Lenbach, Franz von 74
Lenin, Wladimir Iljitsch 219
Lenz, Siegfried 105
Luxemburg, Rosa 213

Maihofer, Werner 142
Mann, Heinrich 213
Mann, Thomas 144
Marx, Karl 100, 220
Mazowiecki, Tadeusz 106
McCloy, John 39, 182
McNamara, Robert 177, 190
Merkel, Angela 198, 228
Mertes, Alois 209
Messner, Roland-Friedrich 45
Mielke, Erich 149, 164 f.
Mischnick, Wolfgang 149, 165
Mitterrand, François 213
Mock, Alois 68
Moltke, Helmuth von 74
Monnet, Jean 119
Müller, Josef 11

Nabokov, Nicolas 29
Nannen, Henri 21, 216
Nasser, Gamal Abdel 46
Nehru, Jawaharlal 23
Neumann, Franz 15
Nitze, Paul 186
Nixon, Richard 72 f., 75, 95, 97, 110, 114, 116, 133
Nollau, Günther 160, 163
Nyerere, Julius 46

Obama, Barack 225
Ohnesorg, Benno 58
Ollenhauer, Erich 17 f., 24 f., 47, 154

Palme, Olof 178, 219
Pöhl, Karl Otto 168
Pompidou, Georges 192
Ponomarjow, Boris 150

Raczkowski, Jerzy 102 f.
Rapacki, Adam 103
Rathenau, Walther 60
Reagan, Ronald 184
Reich, Jens 226
Reuter, Ernst 15, 24, 47
Rösler, Philipp 198
Röttgen, Norbert 198
Rush, Ken 110, 112–116
Russell, Jane 29

Sadat, Anwar as- 159
Sahm, Ulrich 118 f.
Salinger, Pierre 42

Sanne, Carl-Werner 86, 89, 94, 107
Scheel, Walter 33, 52, 60, 64, 71, 77, 83, 92 ff., 96, 128, 130, 136, 144, 160, 172
Schiller, Karl 53, 120, 128
Schmid, Carlo 17
Schmidt, Helmut 17, 29, 49, 51, 53, 69, 87, 97, 107, 130, 136, 146, 153, 155, 167–176, 183–186, 188 f., 203, 208–212, 223
Schorlemmer, Friedrich 227
Schumacher, Kurt 13 ff., 17, 25, 153
Schütz, Klaus 24 ff., 55, 58, 120
Seebacher, Brigitte 166
Seehofer, Horst 198
Segre, Sergio 215 f.
Selassie, Haile 46
Semjonow, Wladimir 81, 83
Shakespeare, William 152
»Slawa« (Wjatscheslaw Keworkow) 81 f., 87, 94, 96, 110, 124, 163, 173
Solschenizyn, Alexander 157
Sorensen, Ted 49
Soros, George 229
Speer, Albert 59
Springer, Axel 28, 118
Staeck, Klaus 227
Stalin, Josef 83, 165, 216, 219
Stauffenberg, Claus Graf von 24
Steffen, Jochen 137

Stehle, Hansjakob 102 f.
Stone, Shepard 29
Stoph, Willi 91
Strauß, Franz Josef 28, 35, 53, 118, 127, 174
Stresemann, Gustav 24, 60
Suslow, Michail A. 106

Talbott, Strobe 187
Teltschik, Horst 98
Thatcher, Margaret 194
Tresckow, Wiprecht von 79

Ulbricht, Walter 13, 25, 39, 78, 82, 84, 86, 90, 97, 114, 215

Verheugen, Günter 175
Verner, Paul 148

Vogel, Hans-Jochen 145
Vogel, Wolfgang 147, 150

Wałęsa, Lech 106
Wehner, Greta 153
Wehner, Herbert 17, 46, 51 ff., 69, 125 f., 128, 130, 136, 148–156, 160–163, 165, 167, 216 ff.
Weizsäcker, Richard von 24, 106
Winiewicz, Józef 104
Wischnewski, Hans-Jürgen 156, 170
Wolf, Christa 226
Wolf, Markus 64 f.

Zwerenz, Gerhard 132

Bildnachweis

Barbara Klemm: 22
bpk: 16
Bundesbildstelle: 19
dpa: 7, 12, 18, 21, 28
Fotoarchiv Jupp Darchinger, Friedrich-Ebert-Stiftung: 14
Landesarchiv Berlin: 2 (Schütz, 69347), 8 (Schubert, 77510)
Privatarchiv Egon Bahr: 1, 3, 4, 6, 9–11, 20, 23
SPIEGEL-Verlag: 15
ullstein bild: 5, 13, 17, 24–27

Jonathan Steinberg
Bismarck
Magier der Macht

752 Seiten mit 16 Seiten s/w-Abbildungen
Gebunden mit Schutzumschlag
ISBN 978-3-549-07416-9

Mit außergewöhnlichem Weitblick hat Bismarck die Geschicke Preußens im 19. Jahrhundert maßgeblich bestimmt. In seiner hochgelobten Biographie stellt der amerikanische Historiker Jonathan Steinberg die so einfache wie verblüffend ergiebige Frage: Wie hat er das gemacht? Das Ergebnis ist die beste Bismarck-Biographie seit langer Zeit, die dem großen Kanzler »mehr Leben einhaucht als jeder andere Biograph zuvor« (*Wall Street Journal*).

»Steinbergs hervorragende Biographie ist enorm informativ. Er führt den Leser ganz nah an seinen Protagonisten heran.«
CHRISTOPHER CLARK

»Ein originelles, überzeugendes Porträt Bismarcks in all seiner Größe und seinen erbärmlichen Schwächen.«
FRITZ STERN

»Ein großer Wurf!« LITERARISCHE WELT

PROPYLÄEN VERLAG
www.propylaeen-verlag.de

Tristram Hunt
Friedrich Engels
DER MANN, DER DEN MARXISMUS ERFAND

576 Seiten mit 16 Seiten s/w-Abbildungen
Gebunden mit Schutzumschlag
ISBN 978-3-549-07378-0

»Geistreich, scharfsinnig und human – ein Meisterwerk.«
CHRISTOPHER CLARK

Wer Marx sagt, muss auch Engels sagen. Der Marxismus ist ohne Engels nicht zu denken. Dennoch stand er meist im Schatten des Freundes. In seiner großen Biographie gelingt es Tristram Hunt überzeugend, Friedrich Engels als eigenständigen Denker zu zeigen, dessen Werk demjenigen von Marx nicht nachstand, dessen Leben aber weitaus aufregender verlief.

»Eine glanzvoll gelungene Biographie, ein großartig komponiertes, spannend erzähltes, mit erstaunlicher Faktenkenntnis geradezu brillierendes Buch.«   Fritz J. Raddatz, DIE WELT

»Eine glänzende Lebensbeschreibung. Unbedingt lesenswert!«
DEUTSCHLANDFUNK

PROPYLÄEN VERLAG
www.propylaeen-verlag.de